Dimitris Chassapakis

Tagebuch der Zeit

KOSMOS

Umschlaggestaltung: Weiß-Freiburg GmbH – Graphik & Buchgestaltung unter Verwendung einer Illustration von Dimitris Chassapakis

Das Original ist im Selfpublishing unter dem Titel „Journal29 Revelation" erschienen.

Unser gesamtes lieferbares Programm und viele weitere Informationen zu unseren Büchern, Spielen, Experimentierkästen, DVDs, Autoren und Aktivitäten findest du unter **kosmos.de**

MIX
Papier aus verantwortungsvollen Quellen
FSC® C014138

ISBN 978-3-440-16556-0
Redaktion: Juliane Voorgang
Übersetzung: Jan Zlotos und Juliane Voorgang
Produktion: Verena Schmynec
Grundlayout und Satz: Weiß-Freiburg GmbH – Graphik und Buchgestaltung
Druck und Bindung: Finidr, s.r.o., Český Těšín
Printed in Czech Republic / Imprimé en République tchèque

Das Tagebuch der Zeit ist ein Buch voller Rätsel

Das Tagebuch der Zeit ist der zweite Band von EXIT Tagebuch 29 und beginnt mit Rätsel 64. Selbstverständlich kannst du dieses Buch spielen, ohne den ersten Band zu kennen. Wenn du Tagebuch 29 bereits gespielt hast, kannst du aber sogenannte „Easter Eggs“ und dadurch zusätzliche Rätsel finden.

Was du beachten musst:

Um die Rätsel zu lösen, musst du schreiben, zeichnen, knicken, falten oder reißen. Nimm keine Rücksicht auf das Buch! Aber handle bedacht – nur so kommst du dem Geheimnis auf die Spur.

Was erlaubt ist:

Zu den Rätseln gehört auch, dass du herausfindest, was du brauchst, um sie zu lösen. Du darfst deshalb jederzeit Vor- und Zurückblättern, das Internet zu Rate ziehen und die Buchseiten knicken, falten sowie zerschneiden. Wenn du nicht weiter kommst, findest du auf der jeweiligen Seite von tagebuch29.de zwei Lösungshilfen und die richtige Antwort.

Was du benötigst:

- Ein Exemplar des Tagebuchs der Zeit
- Einen Stift
- Internetzugang (PC, Tablet, Smartphone)
- Alltagsgegenstände

Jede Doppelseite im Tagebuch der Zeit besteht aus zwei Dingen:
Die Rätselseite (rechts) und die Schlüsselseite (links).

Schritt 1:

Löse das Rätsel auf der Rätselseite.

Schritt 2:
Besuche die Website, die auf der Schlüsselseite angegeben ist.
(Tippe die Adresse der Website ab oder benutze den QR-Code.)
Hier findest du auch Lösungshilfen.

Schritt 3:
Gib deine Antwort für das Rätsel ein. (Ist sie richtig, erhältst du ein Schlüsselwort.) Notiere dir, wie viele Hilfen du benötigt hast. Zähle nur die Karten, die dir etwas Neues verraten haben. So kannst du dein Ergebnis nach dem Spielen bewerten.

Schritt 4:
Schreibe das Schlüsselwort in das dafür vorgesehene Feld auf der Schlüsselseite. (Du benötigst diese Schlüsselwörter, um spätere Rätsel lösen zu können.)
Setze Schlüsselwörter auf späteren Seiten entsprechend ein:

{Schlüssel.xx}

Um die Rätsel lösen zu können, musst du auch mal „out of the box“ denken.
Schreibe, zeichne, suche, falte Seiten, kombiniere ... und vieles mehr.
Du benötigst keine spezielle App, um dieses Buch zu spielen, ein Internet-Browser reicht völlig.

Wenn deine Lösung nicht akzeptiert wird :
Kontrolliere, ob deine Antwort mit der angegebenen Auflösung auf der Website übereinstimmt.
Überprüfe, ob die Autokorrektur zusätzliche Leerzeichen ergänzt hat und lösche diese.
Kontaktiere unseren Kundenservice unter: kontakt@kosmos.de

Blättere um und löse ein Proberätsel >

0

Schritt 2:
Besuche diese Website oder scanne den QR-Code:

tagebuch29.de/0

Scanne oder besuche die oben angegebene URL, um die Lösung des Rätsels einzugeben und ein Schlüsselwort zu erhalten.

Schritt 3:
Löse das Rätsel korrekt und notiere das erhaltene Schlüsselwort:

Schlüssel 0: ____________

Schritt 1:
Dies ist die Rätselseite.
Löse Folgendes:

25+4

Eine streng geheime Ausgrabung blieb
28 Wochen lang ohne jeden Erfolg.
In der 29. Woche geschah jedoch
etwas Unerwartetes.

Das Team verschwand spurlos, und das
Einzige, was man fand,
war dieses Tagebuch.

Es fällt mir schwer, das alles zu begreifen, zu verarbeiten, zu ertragen. Seit 28 Wochen sind wir inzwischen an diesem entlegenen Ort stationiert. Das Hauptquartier wollte keine detaillierten Informationen über die Mission mit uns teilen. Man erwartete von uns, selbst klarzukommen, und das haben wir getan. Während der vergangenen Woche ist alles klarer geworden ... „Sie sind wir!"

Drei Viertel unserer Mannschaft haben das Weite gesucht und sich in Sicherheit gebracht. Inzwischen sind es nur noch wir vier: unsere Anführerin Leana, Lev, unser Ingenieur, Hugo, der Dolmetscher, und ich, unser Wissenschaftler. Wir haben eine Reihe von Orten und Landmarken des uns zugewiesenen Gebietes aufgesucht, aber nie hätten wir gedacht, dass der nahe gelegene Grabstein so entscheidend für unsere Forschung sein würde. All die Gesteinsfolgen und Fossilien, Wandmalereien und Spuren, die wir katalogisiert, untersucht und ausgewertet haben, brachten uns dagegen keine Erkenntnisse.

„Sie sind wir!" Der Gedanke lässt mich nicht los. So viele Fragen warten auf Antworten. Wenn wir sie und sie wir sind, heißt das in erster Linie, dass sie ebenfalls Menschen sind. Ich hege immer noch Zweifel, bin aber fasziniert. Ich habe mich heute mit Hugo darüber unterhalten und er zeigt sich dem Gedanken gegenüber viel aufgeschlossener als ich. Könnten wir uns so weit entwickelt haben? Wenn ja, würden wir weiterhin nur auf unsere „Dimension" beschränkt bleiben? Die Idee ist so verheißungsvoll und aufregend, und doch wirkt sie mehr zurechtfantasiert als real.

Was wir bisher herausgefunden haben, hilft uns, die Höhle weiter zu erkunden, tiefer in die Eingeweide der Erde vorzustoßen. Die Temperatur an der Oberfläche ist nach wie vor nicht zu ertragen, die kühle Höhle ist ein viel angenehmerer Ort. Heute hat Leana verlangt, dass wir uns selbst noch weiter vorantreiben. Sie glaubt, dass es noch viel zu entdecken gibt. Das tun wir alle ...

Nach und nach dringen wir tiefer in die Höhle ein und haben unsere Mission somit nach einer Woche Pause wiederaufgenommen. Leana lehnt es ab, weiter auf die Verstärkung aus dem HQ zu warten. Sie meint, wir hätten unseren eigenen Teil Erkenntnisse und Abenteuer verdient. Ich kann dem nur beipflichten. Wir wagen uns weiter nach unten und mit jedem Schritt wird die Höhle enger. Ich bin so aufgeregt, und den Gesichtern meiner Teamkollegen nach zu urteilen, geht es allen so. Obwohl nur noch wir vier übrig sind, sind wir um ein Vielfaches engagierter, als es ein neuer Forscher sein könnte!

Ich habe mein Tagebuch mit und werde alle unsere Erlebnisse aufzeichnen. Es wird mein Zeugnis und Protokoll dessen sein, was wir bald erleben werden.

64

tagebuch29.de/64

Scanne oder besuche die oben angegebene URL, um die Lösung des Rätsels einzugeben und ein Schlüsselwort zu erhalten.

Schlüssel 64: ____________________

Rot +
Orange +
Gelb +
Grün +
Blau +
Indigo +
Violett

tagebuch29.de/65

Scanne oder besuche die oben angegebene URL, um die Lösung des Rätsels einzugeben und ein Schlüsselwort zu erhalten.

Schlüssel 65: ____________

^=>

N=Z

:=..

8=?

66

tagebuch29.de/66

Scanne oder besuche die oben angegebene URL, um die Lösung des Rätsels einzugeben und ein Schlüsselwort zu erhalten.

Schlüssel 66: ____________

Höre diesen November auf das Echo von Sierra de Tango.

tagebuch29.de/67

Scanne oder besuche die oben angegebene URL, um die Lösung des Rätsels einzugeben und ein Schlüsselwort zu erhalten.

Schlüssel 67: ____________________

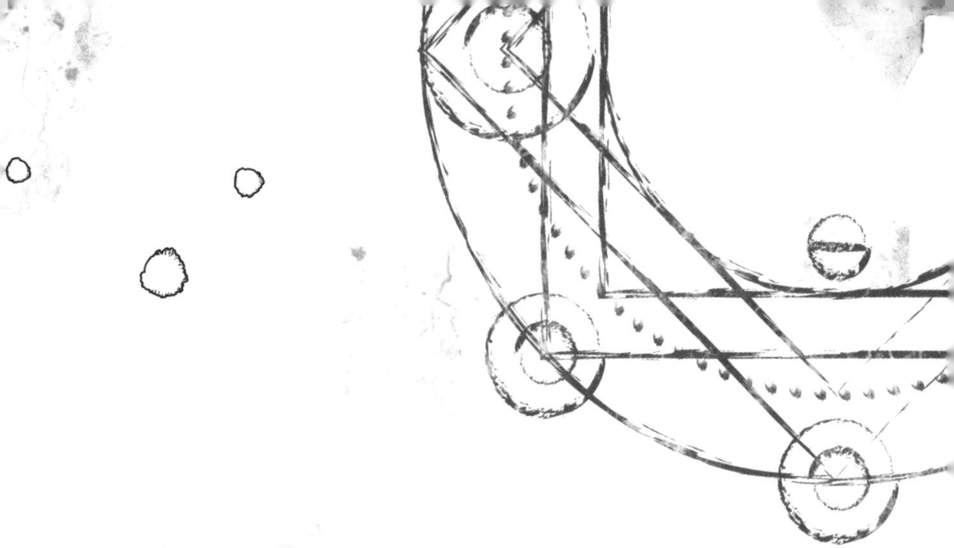

{Schlüssel. 64} x

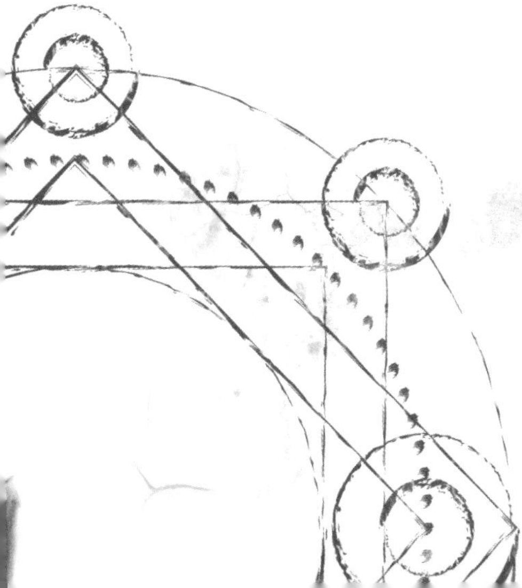

$\frac{1}{2}$ x {Schlüssel. 65}

68

tagebuch29.de/68

Scanne oder besuche die oben angegebene URL, um die Lösung des Rätsels einzugeben und ein Schlüsselwort zu erhalten.

Schlüssel 68: ____________

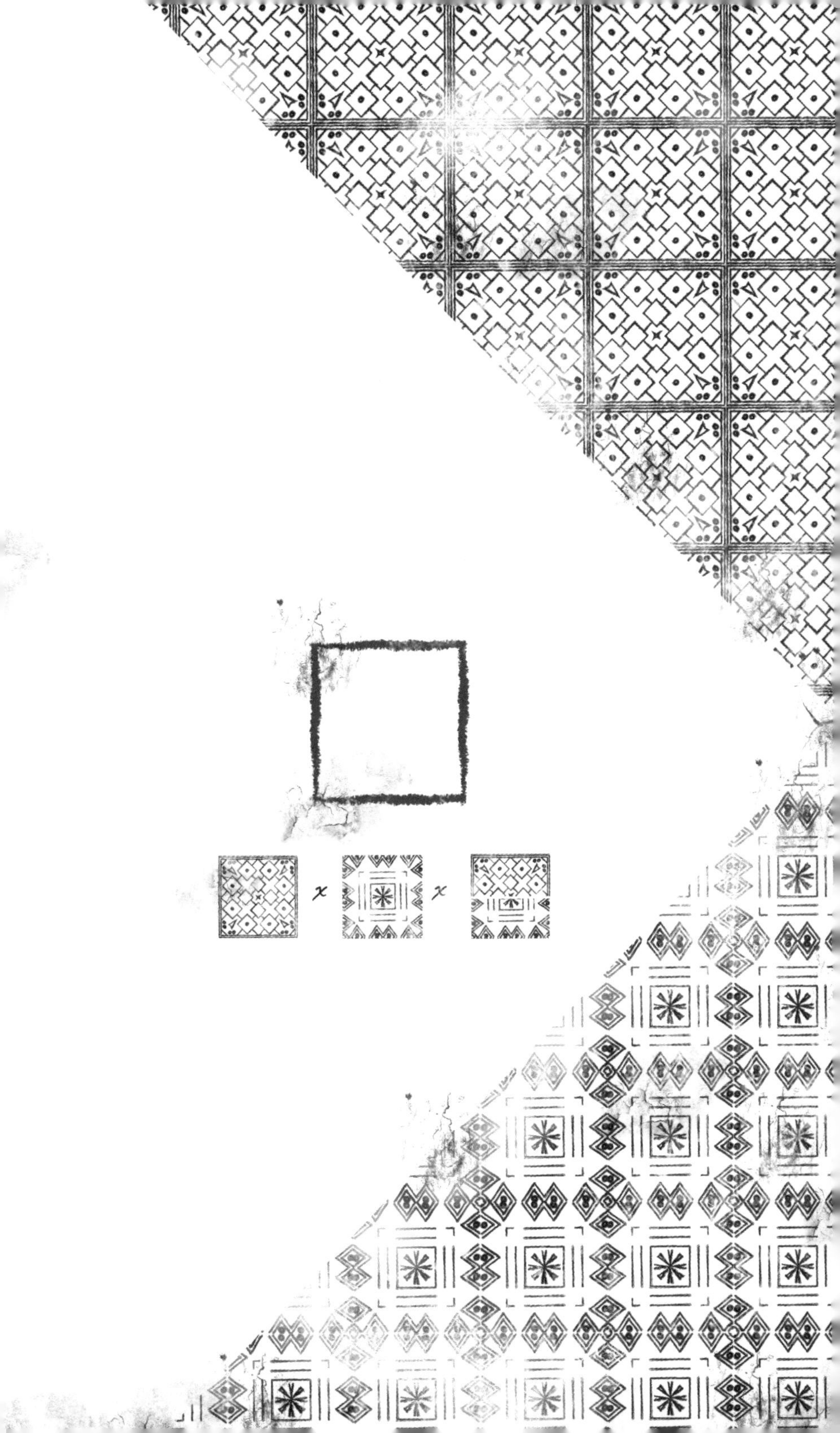

tagebuch29.de/69

Scanne oder besuche die oben angegebene URL, um die Lösung des Rätsels einzugeben und ein Schlüsselwort zu erhalten.

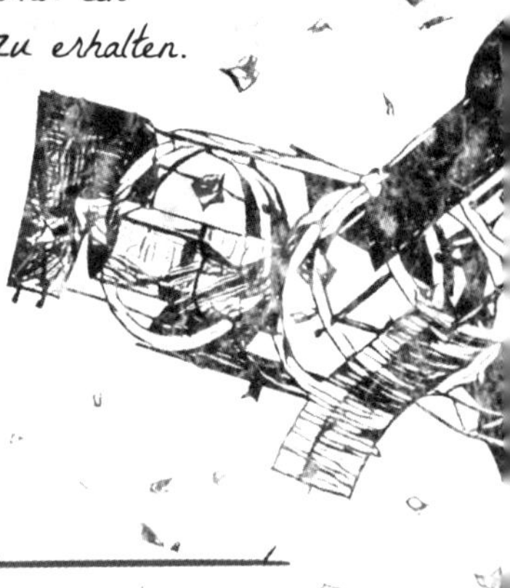

Schlüssel 69: ____________________

90
45
135
?0

70

tagebuch29.de/70

Scanne oder besuche die oben angegebene URL, um die Lösung des Rätsels einzugeben und ein Schlüsselwort zu erhalten.

Schlüssel 70: ____________

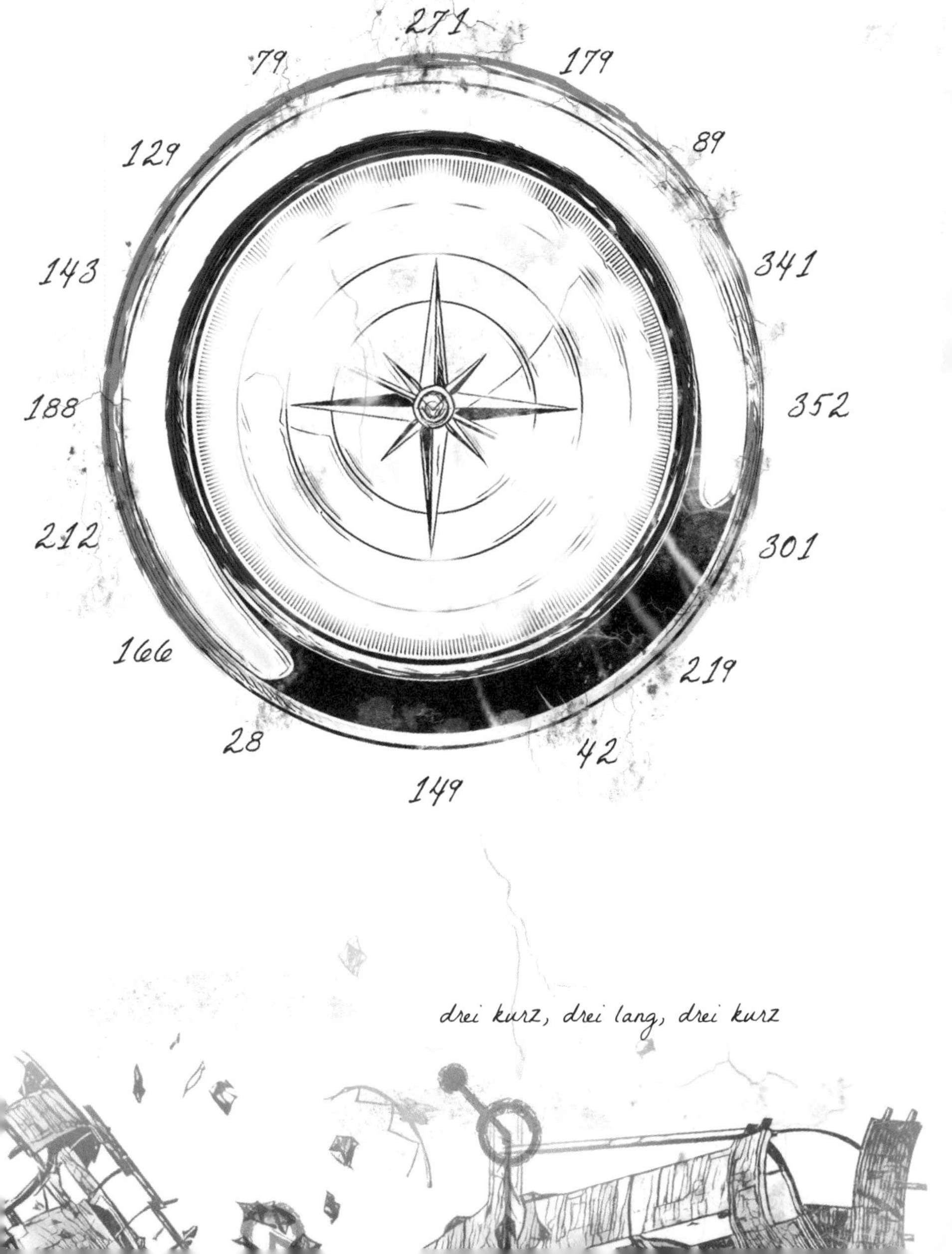
271
179
89
341
352
301
219
42
149
28
166
212
188
143
129
79
drei kurz, drei lang, drei kurz

71

tagebuch29.de/71

Scanne oder besuche die oben angegebene URL, um die Lösung des Rätsels einzugeben und ein Schlüsselwort zu erhalten.

Schlüssel 71: ____________________

Meine Augen müssen sich noch an das seltsame Licht gewöhnen, das aus dem Raum vor uns kommt. Aber die schlechte Sicht ist nicht alles, was mir Sorgen macht … Lev ist an meiner Seite, entschlossen und ehrgeizig, so wie ich …

Riesige, gewundene Gänge haben uns zu einem schmalen Pfad geführt. Hier gehen die Felswände in einen fein geformten Korridor über. Das Licht ist in diesem Teil der Höhle noch schwächer, so dass wir Taschenlampen benutzen müssen, um den Weg vor uns zu beleuchten.

+ {Schlüssel.68}

Obwohl der Gang stickig ist und modrig riecht, ist trotzdem genau dieser Korridor in höchstem Maße faszinierend. Zeichnungen formieren sich am Boden, bilden eine Art Karte. Wege und Kreuzungen zeichnen sich von selbst - und dann zerfallen sie zu Staub - von einem Moment auf den anderen. Ich frage mich, ob wir halluzinieren.

Das Gebiet, das wir unter Tage erforschen, ist riesig und erscheint wie ein Labyrinth. Seltsamerweise kommt es mir aber eher wie ein Bürokomplex als wie eine geräumige Höhle vor. Während ich die seltsamen Teile beobachte, nehme ich flüchtig einen weiteren düsteren, stickigen Raum wahr. Er ist voll mit befremdlichen Apparaturen. Einige wirken vertraut, aber ihre Konstruktion ist auf eine einzigartige Weise fremdartig. Lev bestätigt mir, dass ihre Konstruktionsweise sich von den uns bekannten unterscheidet. Wenn ich mir die Gerätschaften ansehe, kommt es mir vor, als wüsste ich, wozu sie verwendet werden. Aber woher sollte ich das wissen können? Rührt diese instinktive Vertrautheit von der Tatsache her, dass wir ... gleich sind? Was ist das? Haben sie das erschaffen?

Der Forscherdrang stachelt uns an, wir wollen noch mehr entdecken, vorankommen. Aber es ist strapaziös. Ich spüre, wie meine Kraft langsam nachlässt, als eine vertraute Wärme meinen Körper von Kopf bis zu den Füßen durchströmt. Es fühlt sich an, als bestünde zwischen dem Boden und mir eine parasitäre Verbindung. Es wirkt surreal … wobei … wenn uns jemand vor einem halben Jahr erzählt hätte, was derzeit mit uns geschehen würde - ich hätte ihm auf keinen Fall geglaubt.

Sie sind wir. Wir sind uns gleich, zumindest anatomisch, und doch so verschieden. Sie haben weit fortschrittlichere Technologien.
Verdammt! Ich bin Wissenschaftler und Lev ist Ingenieur und wir sind kaum in der Lage, auch nur zu erahnen, wozu die Gerätschaften in diesen Räumen dienen!
Es ist äußert frustrierend …
Was passiert hier? War das ein Beben? Wir hören ein mechanisches Surren und dann geht das Licht aus.
Die Decke bewegt sich abwärts!

Was passiert hier?

So viel Staub!
Ist das eine Wolke aus Sand?
Ich kann nicht atmen!

Das Beben hat aufgehört. Lev und ich sind am Leben, wir hatten offenbar Glück … Leana und Hugo sind jedoch weder zu sehen noch zu hören.
Oh mein Gott, wir sind allein.

72

tagebuch29.de/72

Scanne oder besuche die oben angegebene URL, um die Lösung des Rätsels einzugeben und ein Schlüsselwort zu erhalten.

Schlüssel 72: ____________

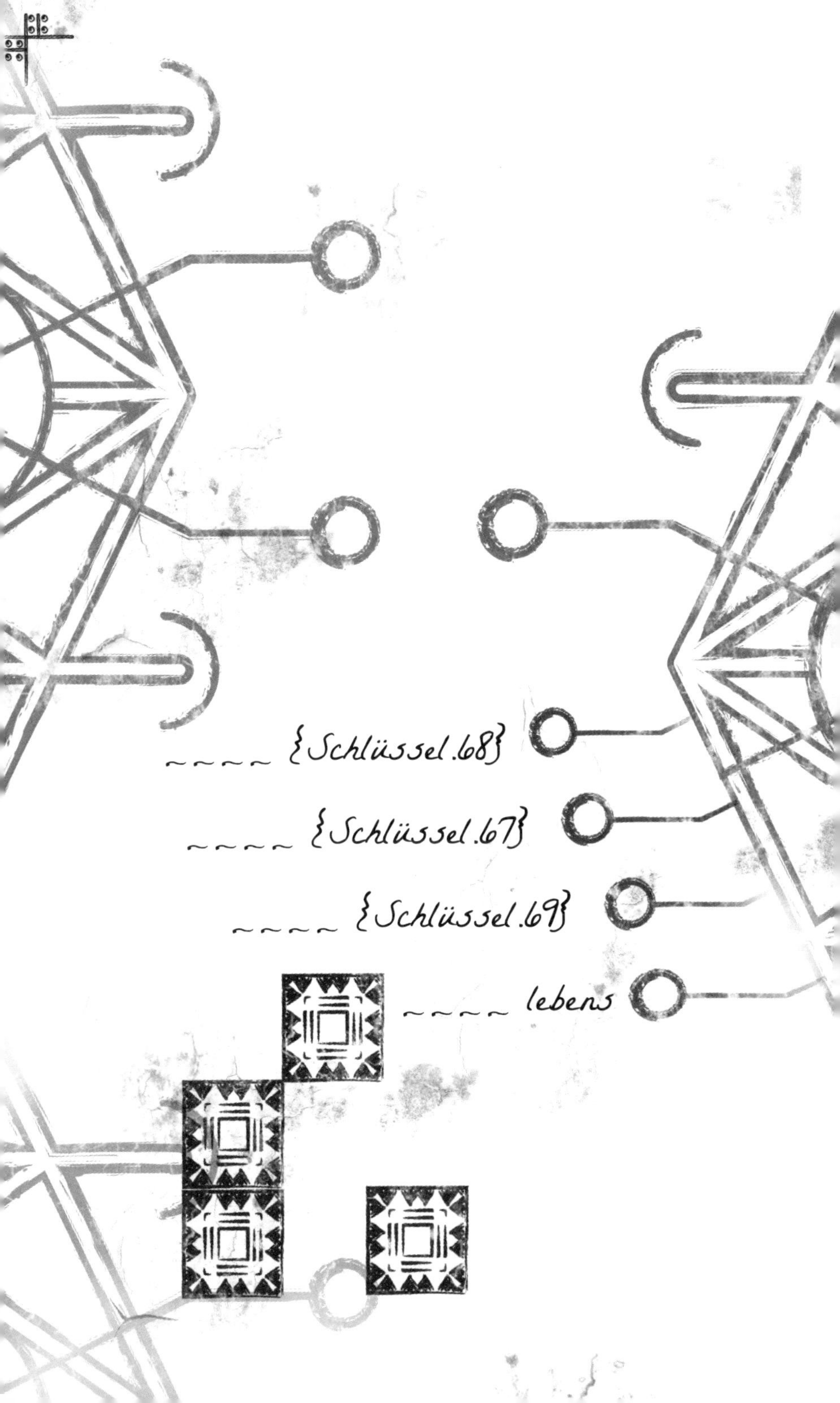
~~~~ {Schlüssel.68}
~~~~ {Schlüssel.67}
~~~~ {Schlüssel.69}
~~~~ lebens

73

tagebuch29.de/73

Scanne oder besuche die oben angegebene URL, um die Lösung des Rätsels einzugeben und ein Schlüsselwort zu erhalten.

Schlüssel 73: ____________

5 5 0 3 3 5
4 4 2 4 4 4
7 7 8 8 8 7
7 7 8 3 3 7
2 2 8 9 9 2
1 1 4 8 8 1
8 8 6 2 2 8
6 6 5 1 1 6
9 9 1 0 0 9
3 3 9 0 0 3
8 8 2 2 2 8
2 2 8 9 9 2
9 9 7 3 3 9
1 1 2 8 8 1
0 0 9 2 2 0
6 6 8 9 9 6
2 2 3 1 1 2
1 1 7 0 0 1
6 3 4 2 2 6
9 9 6 8 8 9
2 2 9 8 8 2
9 9 2 8 8 9
2 2 9 4 4 2
7 7 2 6 6 7
1 1 7 5 5 1
0 0 7 1 1 0
09 09 9 9 09
4 4 2 2 4
5 5 8 8 5
1 1 7 7 1
8 8 2 2 8
3 3 9 9 3
2 2 8 8 2
4 4 3 3 4
1 1 7 7 1
8 8 4 4 8
3 3 6 6 3
6 6 9 9 6
2 2 2 2 2
9 9 9 9 9
8 8 2 2 8
7 7 7 7 7

74

tagebuch29.de/74

Scanne oder besuche die oben angegebene URL, um die Lösung des Rätsels einzugeben und ein Schlüsselwort zu erhalten.

Schlüssel 74: ____________

Ziehen
Ziehen

75

tagebuch29.de/75

Scanne oder besuche die oben angegebene URL, um die Lösung des Rätsels einzugeben und ein Schlüsselwort zu erhalten.

Schlüssel 75: ____________________

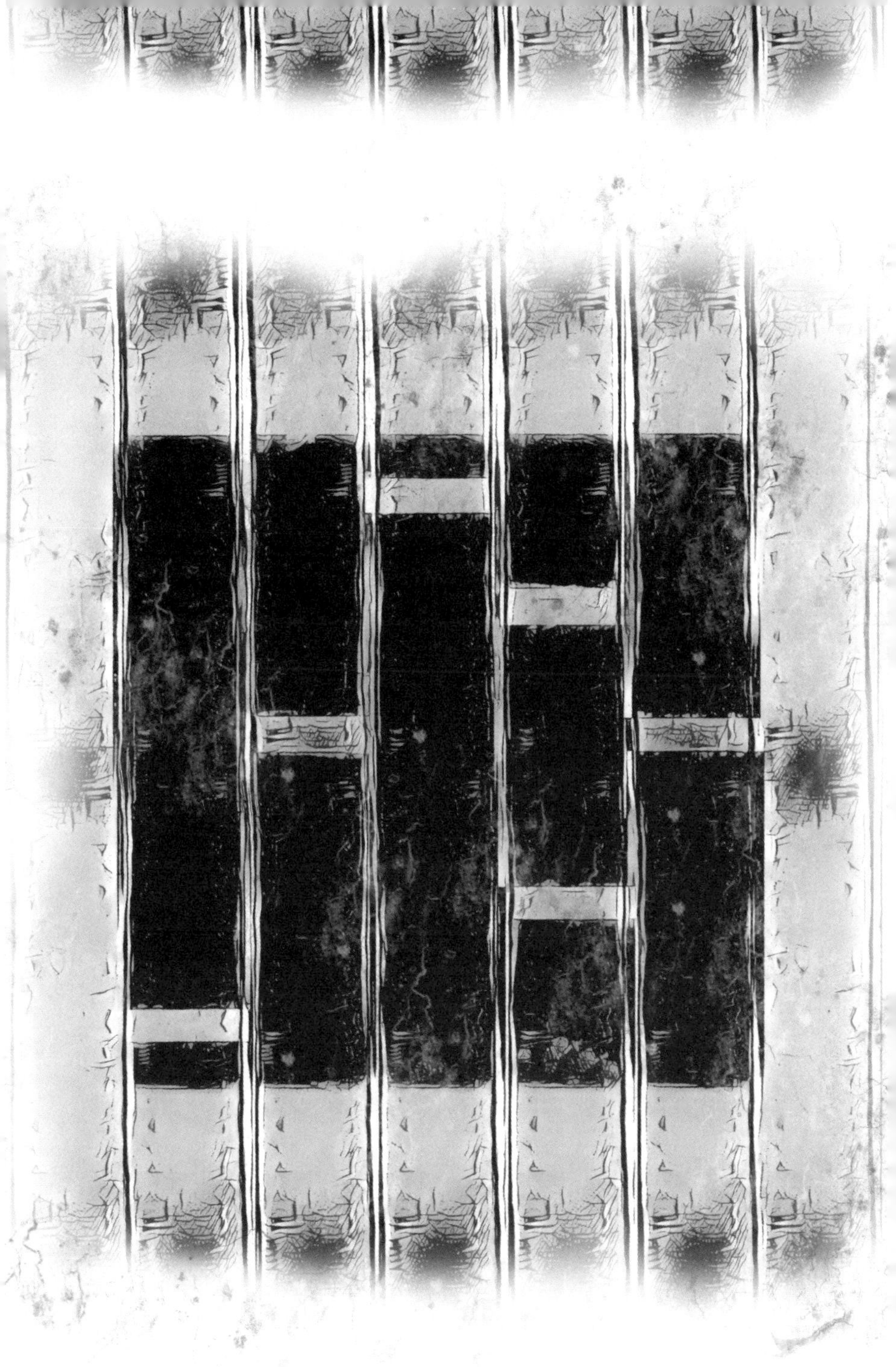

{Schlüssel.70} {Schlüssel.71} {Schlüssel.72}

tagebuch29.de/76

Scanne oder besuche die oben angegebene URL, um die Lösung des Rätsels einzugeben und ein Schlüsselwort zu erhalten.

Schlüssel 76: ____________

TSLDKLST
BBBBBBBB

BBBBBBBB
TSLDK T

77

tagebuch29.de/77

Scanne oder besuche die oben angegebene URL, um die Lösung des Rätsels einzugeben und ein Schlüsselwort zu erhalten.

Schlüssel 77: ____________________

Jemand hat diese Gegend bereits erforscht.

78

tagebuch29.de/78

Scanne oder besuche die oben angegebene URL, um die Lösung des Rätsels einzugeben und ein Schlüsselwort zu erhalten.

Schlüssel 78: ____________

333

333

39123 66

66 33333

22329

{Schlüssel.73} {Schlüssel.74}

79

tagebuch29.de/79

Scanne oder besuche die oben angegebene URL, um die Lösung des Rätsels einzugeben und ein Schlüsselwort zu erhalten.

Schlüssel 79: ____________________

Haben wir diese Lawine ausgelöst?
Mit ungestümer Gewalt ist sie durch den Raum gerauscht. Jetzt sieht alles anders aus, als wäre ein Irrgarten entstanden. Und wir sind darin gefangen! In meinen Gedanken pulsiert lebhaft das Bild der kartenähnlichen Zeichnung auf dem Boden am Eingang.
Ich schätze, wir wurden gewarnt. Nun bleibt uns nichts anderes übrig, als den Weg durch das Labyrinth zu finden. Hoffentlich nur bis zur anderen Seite des Raumes ...
In kürzester Zeit haben wir zwei Mitglieder unserer [E]xpedition verloren. Wir haben einen halben Tag lang versucht, sie in dem Schutt zu finden, bis Lev meinte, dass wir aufhören sollten, um unsere Kräfte zu schonen.

\- - - - - - [ ] - [E]

[ ][ ] - [ ][ ][ ]

Das spärliche Licht wird kontinuierlich schwächer. Leider können wir nicht sagen, woher es kommt. Wir sind in einem Gewirr aus Geröll und Unrat gefangen. Es gilt keine Zeit zu verlieren. Lev schlägt vor, auf Luftbewegungen zu achten. Ich für meinen Teil bin skeptisch.

Der Raum, in dem wir uns nun befinden, kommt uns bekannt vor. Waren wir vor zwei Stunden schon einmal hier? Ich hatte mein Geburtsdatum in die Wand geritzt. Nun sind wir wieder hier, aber die Zahlen sind umgekehrt! Lev meint, das Ganze erinnere ihn an einen Spiegel.

Spiegel drehen aber alles um, nicht nur ein paar ausgesuchte Zahlen …

Wir haben versucht, unsere Pager zu aktivieren, doch die sind tot! Ihre Batterien sind nicht leer. Sie funktionieren einfach nur nicht. Ich versuchte sie zu resetten, wie Lev es mir beigebracht hat, aber ohne Ergebnis. Ich fühle mich völlig verloren, all das Zeug, das wir mit uns tragen, nützt nichts. Als ob dieser Ort leben und alles daran setzen würde, uns davon abzuhalten, die Wahrheit herauszufinden.

Gibt es hier ein Sicherheitssystem?
Wenn ja, wieso?
Wo geraten wir hier hinein?

Lev sagt, wir sollten versuchen, in östliche Richtung zu gehen ... Wir haben nur leider keine Ahnung, wo das ist. Vielleicht können die hier belassenen Gerätschaften irgendwie weiterhelfen. Sie müssen eine Art Anlage gebildet haben. Alles wirkt hier noch fortschrittlicher als in den vorherigen Räumen. Wenn mich mein Instinkt nicht täuscht, könnte es einen Grund geben, wieso das alles zurückgelassen wurde.

Wenn das alles mit Absicht zurückgelassen wurde, muss ich mit Lev darüber sprechen! Es muss einen Weg nach draußen geben!
Wir müssen vorankommen ...
Gott, lass unsere Bemühungen nicht umsonst sein.

Wir haben jegliches Zeitgefühl und seit der Lawine auch den Richtungssinn verloren. Mittlerweile haben wir uns vollkommen verirrt. Wir müssen deshalb mit den Hinweisen arbeiten, die uns zur Verfügung stehen. Wir wollen die Nacht über rasten. Wenn es überhaupt Nacht ist ...

Lev und ich fühlen uns heute erholt, aber unsere Lampe ist im Begriff auszugehen. Wir dürfen keine Zeit verlieren, Bewegung!

80

tagebuch29.de/80

Scanne oder besuche die oben angegebene URL, um die Lösung des Rätsels einzugeben und ein Schlüsselwort zu erhalten.

Schlüssel 80: ____________

Was ist die Geschwindigkeit des Lichts?

a: 299.712.598

b: 302.565.122

c: 288.677.209

81

tagebuch29.de/81

Scanne oder besuche die oben angegebene URL, um die Lösung des Rätsels einzugeben und ein Schlüsselwort zu erhalten.

Schlüssel 81: ____________

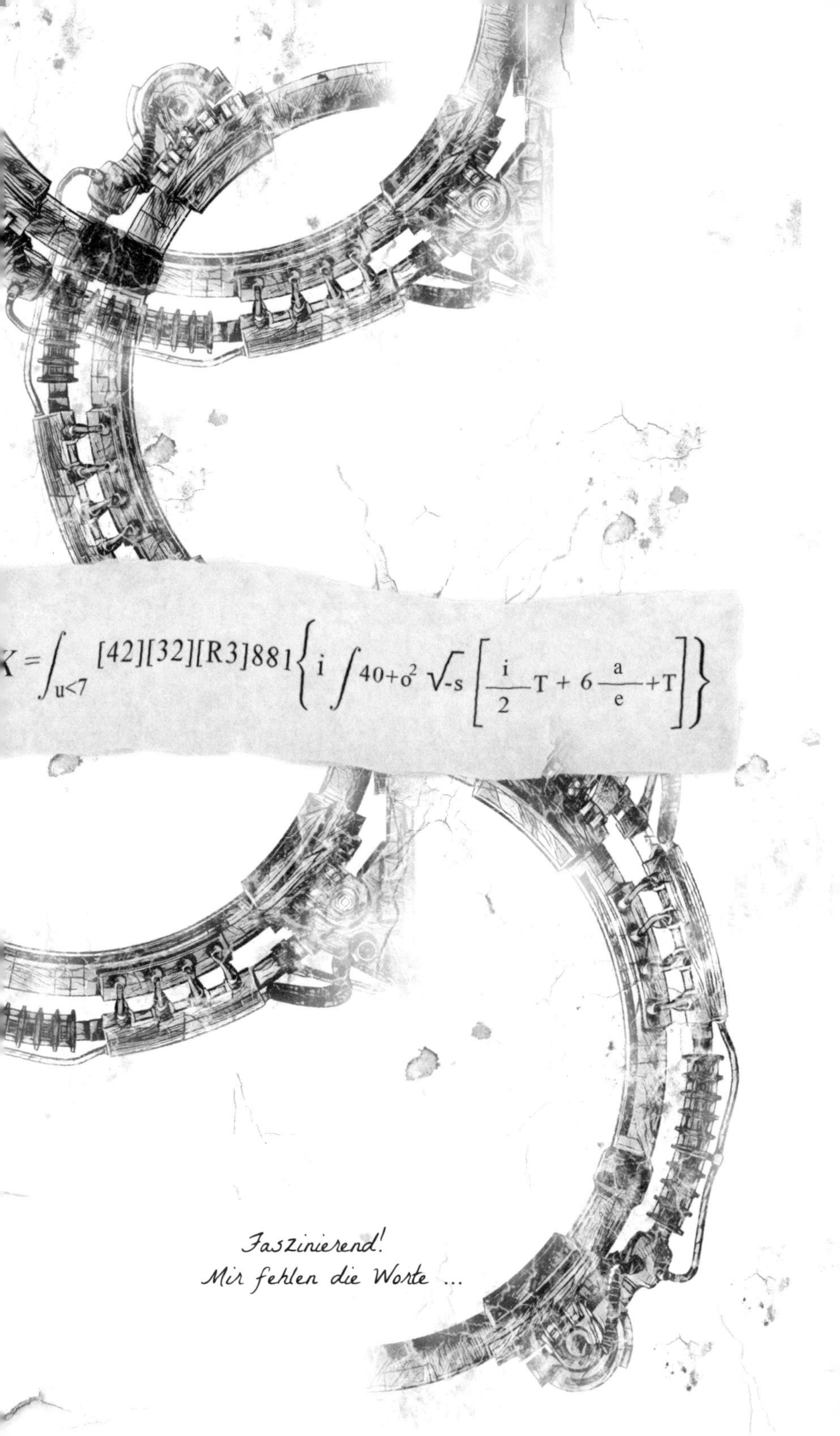
$K = \int_{u<7} [42][32][R3]881 \left\{ i \int 40+o^2 \sqrt{-s} \left[\frac{i}{2} T + 6 \frac{a}{e} + T \right] \right\}$
Faszinierend!
Mir fehlen die Worte ...

82

tagebuch29.de/82

Scanne oder besuche die oben angegebene URL, um die Lösung des Rätsels einzugeben und ein Schlüsselwort zu erhalten.

Schlüssel 82: ______________

Briefing	2319	
Schichtwechsel	0548	
Schloss	0630	
Kaffee	0812	
Batterien	0905	
{Schlüssel.80} {Schlüssel.77}	——	
Flagge	1730	
Benzin	2210	
Licht	0030	

tagebuch29.de/83

Scanne oder besuche die oben angegebene URL, um die Lösung des Rätsels einzugeben und ein Schlüsselwort zu erhalten.

Schlüssel 83: ____________________

MULTIPLIZIEREN

84

tagebuch29.de/84

Scanne oder besuche die oben angegebene URL, um die Lösung des Rätsels einzugeben und ein Schlüsselwort zu erhalten.

Schlüssel 84: ____________

85

tagebuch29.de/85

Scanne oder besuche die oben angegebene URL, um die Lösung des Rätsels einzugeben und ein Schlüsselwort zu erhalten.

Schlüssel 85: ____________

O
R
U
L

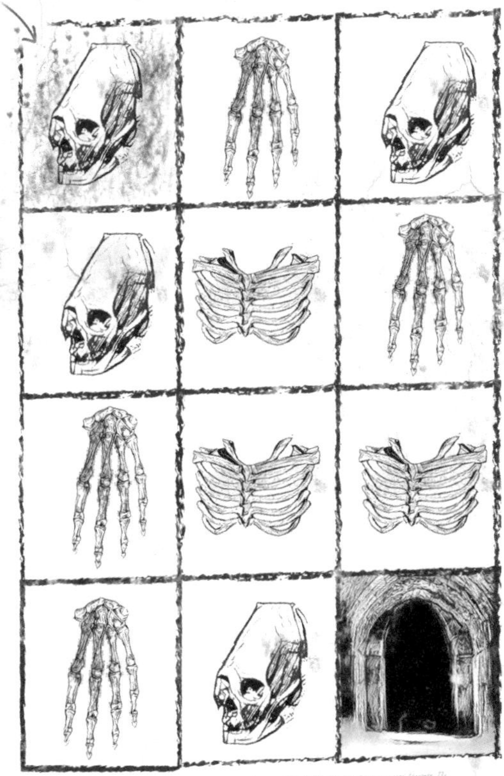

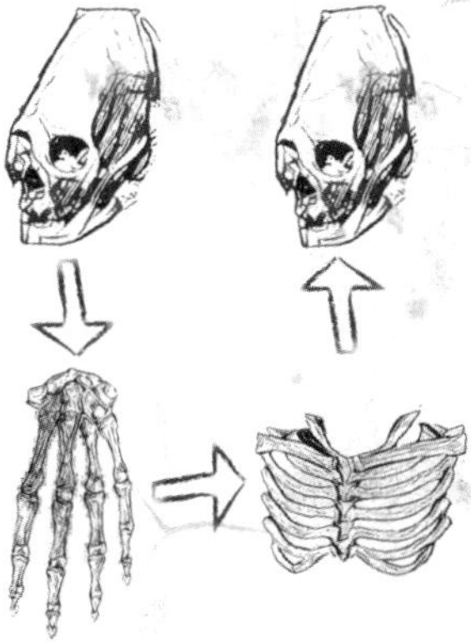

86

tagebuch29.de/86

Scanne oder besuche die oben angegebene URL, um die Lösung des Rätsels einzugeben und ein Schlüsselwort zu erhalten.

Schlüssel 86: ____________

gehe zu {Schlüssel.75} name
{Schlüssel.78}

87

tagebuch29.de/87

Scanne oder besuche die oben angegebene URL, um die Lösung des Rätsels einzugeben und ein Schlüsselwort zu erhalten.

Schlüssel 87: ____________________

Wir sind in einem kreisrunden Raum angekommen. Ich denke, wir müssen schneller vorankommen, wir sind zu langsam. Wie lange ist es seit unserem Abstieg in die Höhle her? Verdammt. Wir sind schon wieder erschöpft. Nichts in unserer Ausrüstung funktioniert. Alles andere hier ist für uns leider unbrauchbar. Die Geräte sind so unglaublich fortschrittlich … Wir sind so veraltet …

Es ist ziemlich kalt hier drin, oder ich bin fiebrig. Ich bin verschwitzt und müde und die Kälte scheint unerbittlich unter meine isolierende Kleidung zu kriechen. Es weht kein Wind, und doch fühlt sich der Raum unnatürlich kalt an. Ich zittere und versuche, meine Hände mit meinem Atem zu wärmen, doch auch der ist kalt. Wir werden hier sterben, sofern wir keinen Ausgang finden. Ich spüre aber, dass wir uns irgendetwas nähern …

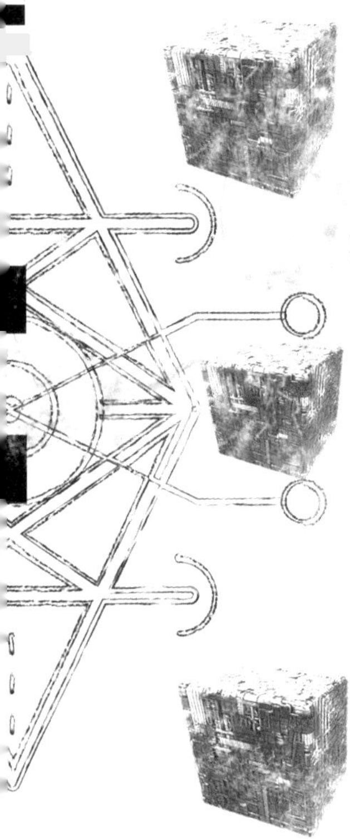

Auch dieser Raum ist voll mit ausrangierten Apparaten. Es kommt mir vor wie ein futuristischer Friedhof für Technik. Die schiere Menge der Geräte versetzt mich in Erstaunen, aber auch ihre Größe. Jedes davon könnte leicht in meine Hosentasche passen, ihr Gewicht jedoch steht in krassem Widerspruch zum Format. Sie müssen eine unglaubliche Dichte haben. So gerne ich eines davon als Andenken mitnähme, lasse ich besser die Finger davon.

Der Durchgang, durch den wir vor Kurzem hierhergekommen sind, ist verschlossen! Abermals sind wir gefangen. Es scheint, als ob uns dieser Ort immer tiefer in sich hineinziehen würde und dafür alle Rückwege blockiert. Er sperrt uns mehr und mehr ein wie Ratten.

Dazu kommt, dass ich das Gefühl habe, beobachtet … werden. Aus den Augenwinkeln nehme ich vage Schemen wahr. Lev drängt mich dazu, auszuruhen, meine Augen zu schließen. Aber ich werde sicher nicht ausruhen! Wir befinden uns inmitten einer großartigen Entdeckung! Außerdem müssen wir einen Weg aus dem System heraus finden, sonst sind all unsere Erkenntnisse wertlos.

Das Licht hat weiter abgenommen. Unsere Taschenlampen sind nicht gänzlich geladen, daher müssen wir sie sehr sparsam einsetzen. Wir benutzen sie nur, um uns kurz einen Überblick zu verschaffen und schalten sie danach sofort wieder aus.

Wir können nicht riskieren, auf die Lampen zu verzichten, und der Weg ist unter Umständen noch sehr weit. Der Boden ist geneigt, führt tiefer ins Herz der Erde. Wenn wir die Taschenlampen verlieren, sind auch wir selbst verloren.

Ich denke fortwährend an den Rest unseres Teams. Wo sind sie? Und was ist mit der Verstärkung?
Haben sie etwas Ähnliches entdeckt? Sorgen sie sich um uns?
Aber es ist müßig, darüber nachzudenken …
Ich glaube, ich weiß, wie wir hier herauskommen.
Also setzen wir uns besser in Bewegung.

88

tagebuch29.de/88

Scanne oder besuche die oben angegebene URL, um die Lösung des Rätsels einzugeben und ein Schlüsselwort zu erhalten.

Schlüssel 88: ____________________

Schreib hier

89

tagebuch29.de/89

Scanne oder besuche die oben angegebene URL, um die Lösung des Rätsels einzugeben und ein Schlüsselwort zu erhalten.

Schlüssel 89: ______________

Ich brauche die exakte Höhe der Statue in Zentimetern.

90

tagebuch29.de/90

Scanne oder besuche die oben angegebene URL, um die Lösung des Rätsels einzugeben und ein Schlüsselwort zu erhalten.

Schlüssel 90: ____________________

	i	c	h	p	t
k					
e					
o					
n					
C					

tagebuch29.de/{Schlüssel.76}

Schlüssel.76 .. ..

91

tagebuch29.de/91

Scanne oder besuche die oben angegebene URL, um die Lösung des Rätsels einzugeben und ein Schlüsselwort zu erhalten.

Schlüssel 91: ____________________

f	e	r	i	n
s	r	m	c	a
n	a	m	m	e
n	m	a	r	t

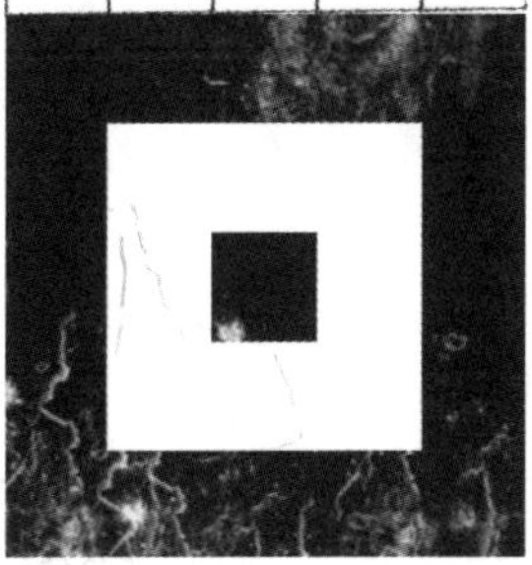

92

tagebuch29.de/92

Scanne oder besuche die oben angegebene URL, um die Lösung des Rätsels einzugeben und ein Schlüsselwort zu erhalten.

Schlüssel 92: ____________

tagebuch29.de/{Schlüssel.85}

tagebuch29.de/93

Scanne oder besuche die oben angegebene URL, um die Lösung des Rätsels einzugeben und ein Schlüsselwort zu erhalten.

Schlüssel 93: ____________

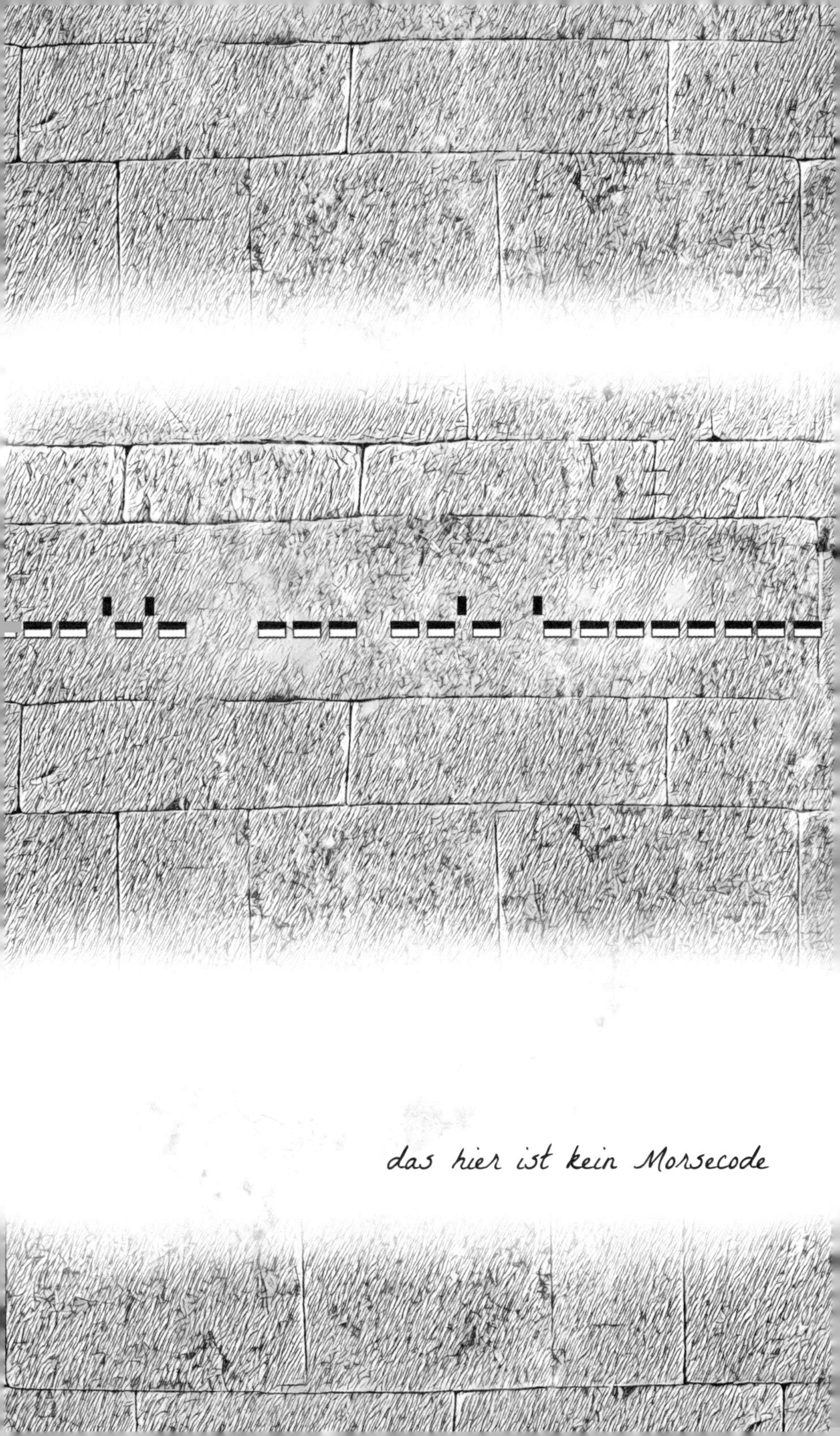
das hier ist kein Morsecode

tagebuch29.de/94

Scanne oder besuche die oben angegebene URL, um die Lösung des Rätsels einzugeben und ein Schlüsselwort zu erhalten.

Schlüssel 94: ____________

Röhre
8
4
9
3
7
{Schlüssel.79}
2
1
A
U
R

95

tagebuch29.de/95

Scanne oder besuche die oben angegebene URL, um die Lösung des Rätsels einzugeben und ein Schlüsselwort zu erhalten.

Schlüssel 95: ______________

Wir wandern weiter die Gänge entlang und werden wieder etwas optimistischer. Wir kommen voran … Jedenfalls denken wir das. Eine dünne Eisschicht bedeckt den Pfad vor uns, zwingt uns, vorsichtig zu laufen. Die Wände schimmern düster metallisch und reflektieren das Licht unserer Taschenlampen; also schalten wir sie vorübergehend ab. Wir scheinen in das Herz des Komplexes vorzudringen! Gerade sind wir in einer kleinen Kammer mit einer unheimlichen Eigenart: Eine der Wände ist unerträglich kalt! Als ich sie kurz mit meiner Hand berührte, fühlte sie sich an, als sei ich von tausend Nadeln gestochen worden. Doch was das Thermometer anzeigt, ist unmöglich!

„Kann die angezeigte Temperatur stimmen?“, frage ich.
„Ja, die stimmt“, antwortet Lev beiläufig.
„Ist das Fahrenheit oder Celsius?“
„Das ist egal“, entgegnet er.
Ich blickte wieder auf das Thermometer.
Ist egal …

(Temperatur x 365)

Ich habe verstanden, was Lev meint. Im Augenblick ist jedes Detail wichtig, und wenn wir eine Chance hätten, uns zu erschließen, warum die Wand so kalt ist, bekämen wir vielleicht eine Ahnung davon, was wir mit den mittelgroßen eisigen Würfeln vor uns anfangen könnten.

Wir starren wortlos die eisige Oberfläche an. Ich habe so viele Fragen hinsichtlich ihrer Eigenschaften, ihres Nutzens, ihres Zwecks. Leider bin ich völlig ratlos.

Lieber Gott, gib uns die Kraft weiterzumachen und lass uns nicht wahnsinnig werden. Wir müssen aufmerksam und bei Sinnen bleiben. Andernfalls könnten wir hier für immer gefangen bleiben, auf ewig von diesen Fragen gequält.

Die finsteren metallischen Wände der Kammer formen ein kuppelförmiges Atrium. Ein dichter Nebel beginnt das Gebiet um uns herum zu füllen und ich spüre einen sanften Luftzug von oben. Führt hier ein Weg nach draußen?

Auf der gegenüberliegenden Seite des Raumes sehe ich eine Öffnung. Es handelt sich um einen kleinen Gang, der tiefer in den Abgrund führt. Ich werde jetzt nicht lockerlassen. Ich spüre, dass ich immer näher komme.

Ich denke an meinen Vater und an das, was er mir mit auf den Weg gab, bevor ich zu meiner ersten Expedition aufbrach.

„Wenn das Feuer des Forschers einmal entfacht ist, ist es nicht mehr kleinzukriegen."

Wir Forscher machen nie einen Rückzieher, scheitern nie. Es ist der Moment der Wahrheit, der uns anzieht, uns antreibt. Und der Reiz der Entdeckung, das Überschreiten der Grenzen hinein in unbekannte Gebiete. Und das ist es, was ich zu tun gedenke. Ich werde weder zurückweichen noch zögern.

Ich greife Lev beim Handgelenk und ziehe ihn mit durch die Öffnung. Es läuft mir dabei eiskalt den Rücken hinunter.

Wir kommen näher… Gott, wir sind nicht bereit. Oder doch? Niemand kann auf so etwas vorbereitet sein. Waren sie es?

96

tagebuch29.de/96

Scanne oder besuche die oben angegebene URL, um die Lösung des Rätsels einzugeben und ein Schlüsselwort zu erhalten.

Schlüssel 96: ____________

u

2←

4→

1→

2←

5←

97

tagebuch29.de/97

Scanne oder besuche die oben angegebene URL, um die Lösung des Rätsels einzugeben und ein Schlüsselwort zu erhalten.

Schlüssel 97: ____________

~~Schildkröte~~
Pferd
Nilpferd
Kamel

Schwein
Fledermaus
Delfin
Elefant

Skorpion - S - ? + a

98

tagebuch29.de/98

Scanne oder besuche die oben angegebene URL, um die Lösung des Rätsels einzugeben und ein Schlüsselwort zu erhalten.

Schlüssel 98: ____________________

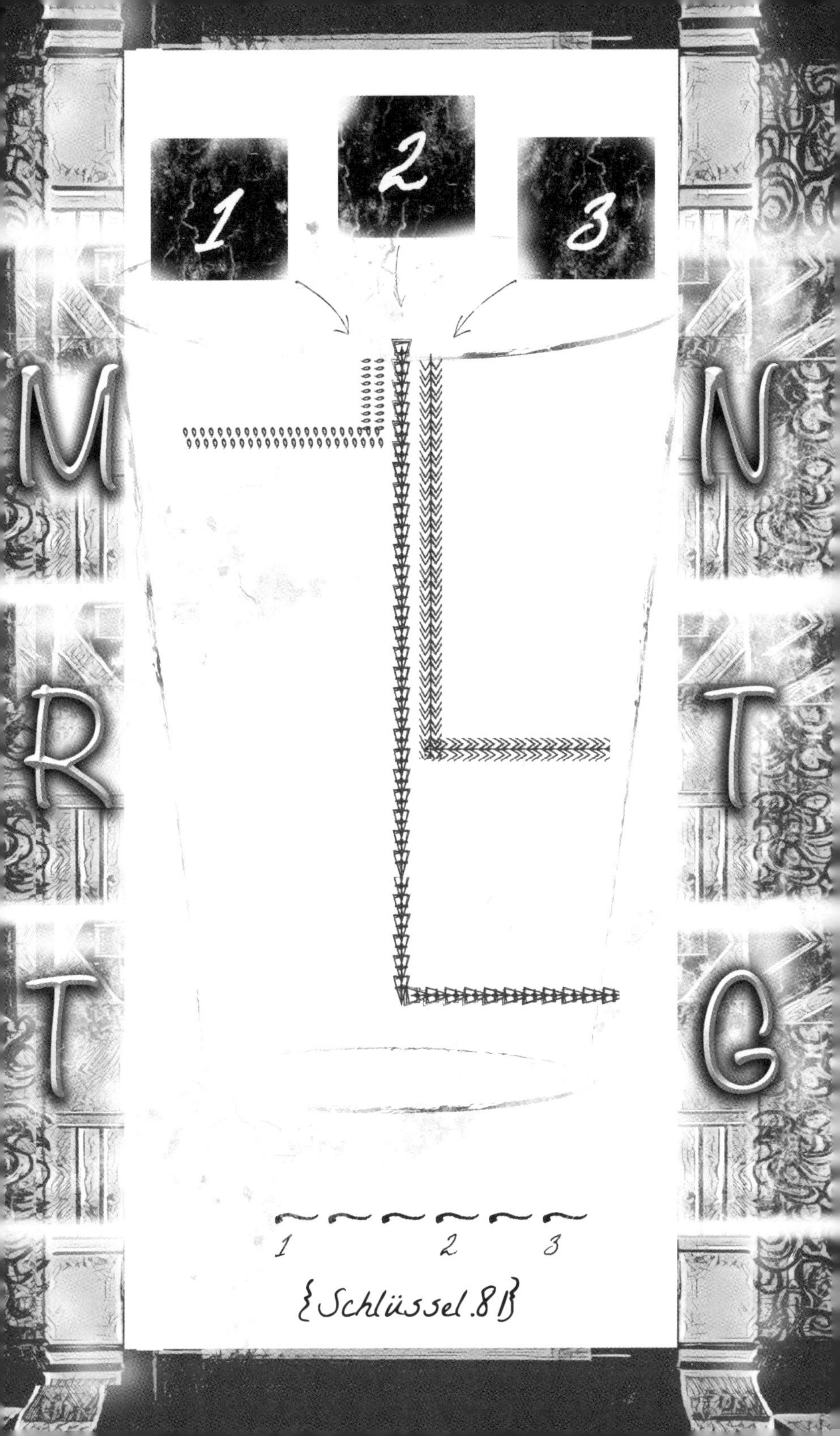
1
2
3
M
R
T
N
T
G
1
2
3
{Schlüssel.8}

99

tagebuch29.de/99

Scanne oder besuche die oben angegebene URL, um die Lösung des Rätsels einzugeben und ein Schlüsselwort zu erhalten.

Schlüssel 99: ____________

{Schlüssel.82} x {Schlüssel.89}

100

tagebuch29.de/100

Scanne oder besuche die oben angegebene URL, um die Lösung des Rätsels einzugeben und ein Schlüsselwort zu erhalten.

Schlüssel 100: ____________________

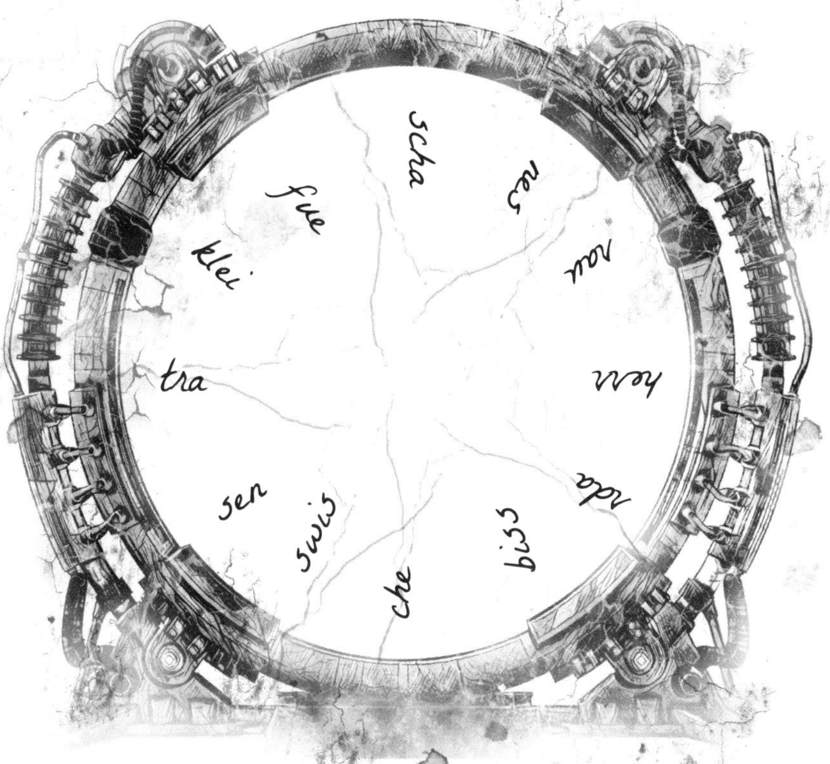

~~12.15~~

{Schlüssel.84}

{Schlüssel.87}

{Schlüssel.93}

101

tagebuch29.de/101

Scanne oder besuche die oben angegebene URL, um die Lösung des Rätsels einzugeben und ein Schlüsselwort zu erhalten.

Schlüssel 101: ____________

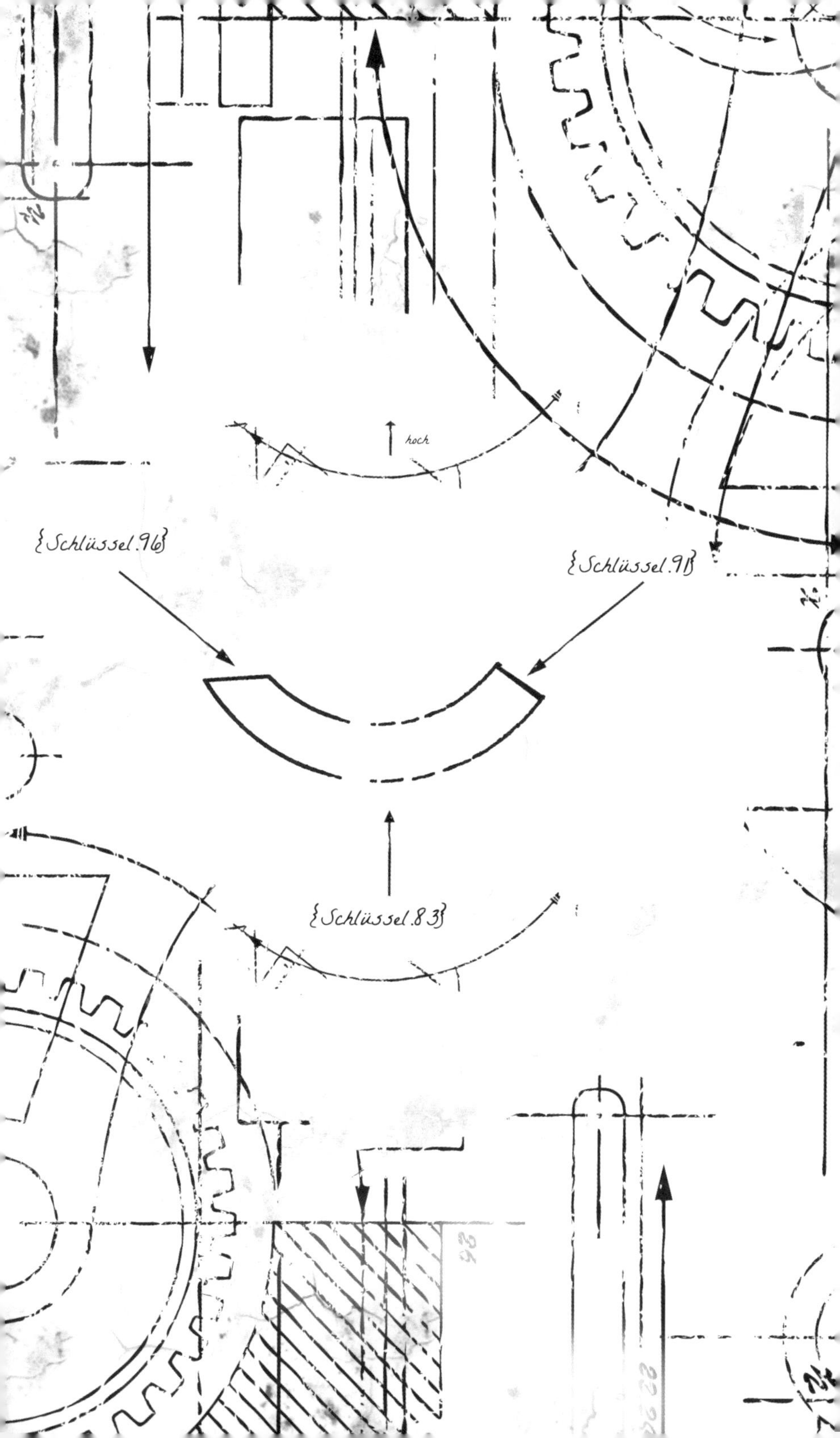
hoch
{Schlüssel.96}
{Schlüssel.91}
{Schlüssel.83}

102

tagebuch29.de/102

Scanne oder besuche die oben angegebene URL, um die Lösung des Rätsels einzugeben und ein Schlüsselwort zu erhalten.

Schlüssel 102: ________________

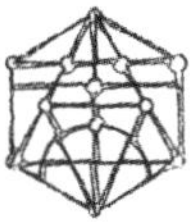

1,1,06

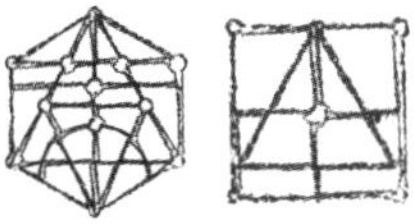

2,2,10

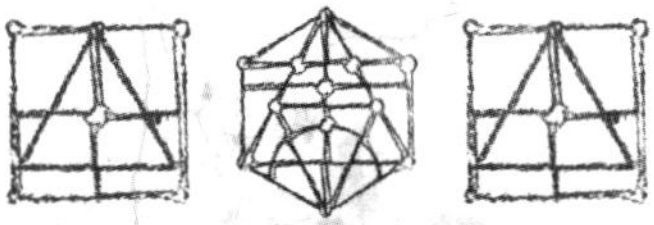

3,2,14

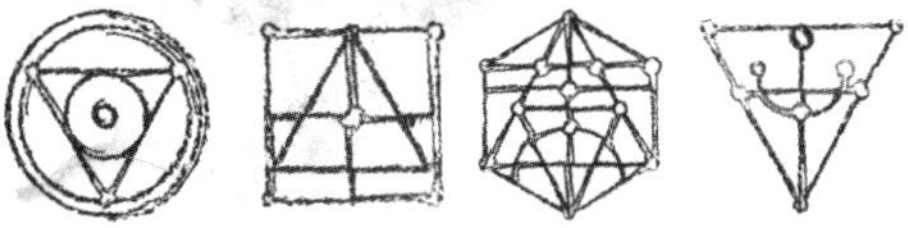

4,4,13

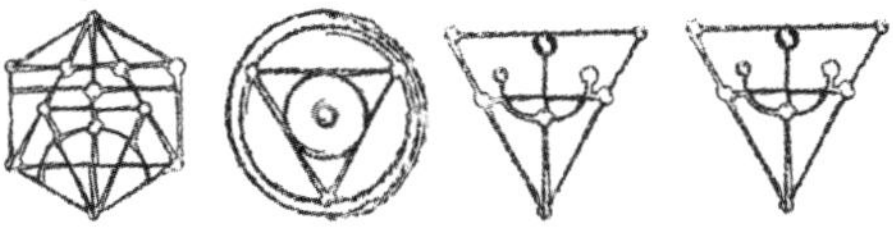

4,3,12

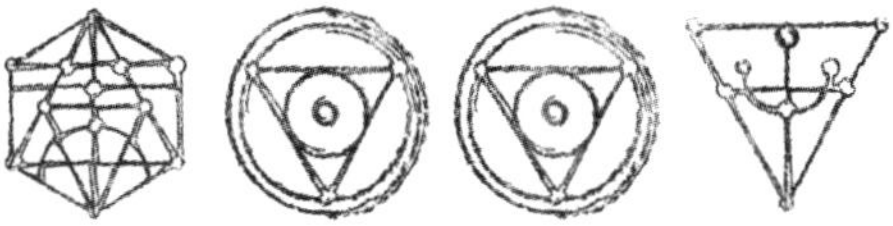

4,3,09

~~~~
~~~~

103

tagebuch29.de/103

Scanne oder besuche die oben angegebene URL, um die Lösung des Rätsels einzugeben und ein Schlüsselwort zu erhalten.

Schlüssel 103: ______________

Der schmale Durchgang hat sich zu einer Kammer geweitet. Hier ist es wärmer und sanfte Lichtstrahlen schimmern aus den Einbuchtungen der schwarzen Wand. Vor uns befindet sich eine riesige Vorrichtung. Sie sieht aus wie ein Altar und ist mit einem großen Apparat verbunden, der von einem metallischen Rahmen umgeben ist. Es sieht unheilvoll aus, beeindruckend und mystisch.

Lev und ich gehen weiter darauf zu. Könnte es die Menschheit wirklich geschafft haben, die Zeit selbst zu bändigen?

Sind wir dazu imstande? Wenn ja, ließe sich damit so einiges erklären. Wir selbst, sie, das große Ganze.

Es ist so furchterregend.

2-7-2 6-3-3 9-4-1 3-1-1 8-5-4

Ich schaue nach oben und stelle fest, dass diese Kammer anscheinend keine Decke hat. Mein Blick verliert sich in der Finsternis. Ich kann jedoch erahnen, dass die Decke durch die pechschwarzen Säulen, die hier lose verteilt herumstehen, getragen wird. Ich habe Angst.
„Das hier ist kein Ort für Uneingeweihte", hat Lev einmal gesagt …
Das ist wohl wahr. Dann wiederum – unsere Gattung hat sich schon immer auf Pioniere verlassen, die Erstentdecker des Unbekannten.
Hatte Jason die gleichen Gedanken wie ich? Hatte er Angst? Hat er sich einsam gefühlt? Alleingelassen?
Ich schaue zu Lev. Wir sind beide völlig erschöpft, doch an meinem Freund kann man erkennen, dass sein Verstand allmählich zerbricht. All das, dessen wir hier Zeuge wurden, ist nichts für einen gesunden Verstand.

Und doch sind wir hier.
Wir stehen vor einer riesigen Maschinerie, die fast mehr ein Monument als ein Gerät ist. Sie ist ohne Zweifel ein Bindeglied zu dem, was wir suchen. Die Antwort liegt förmlich in der Luft, zusammen mit dem Geruch nach Eisen und einem leisen Surren. Es funktioniert noch!
„Lev es funktioniert noch!"

Er blickt mich an und schaut, ohne zu antworten, in Richtung der Wände, um nach Zeichen irgendeines Schaltkreises zu suchen. Ich glaube nicht, dass er etwas erkennen kann, da wir viel zu weit weg stehen. Wir müssen näher heran. Wir gehen eine Treppe hinab, langsam und vorsichtig, wie es uns zur Gewohnheit geworden ist. Dieser Ort hat sich schließlich als Todesfalle erwiesen und ist keine gewöhnliche Höhle, wie wir zuerst annahmen. Die Treppe ist lang, doch das gibt mir Zeit, über unsere nächsten Schritte nachzudenken. Was würde es bedeuten, wenn es uns gelingen würde, herauszufinden, wie das Ding funktioniert? Mir fröstelt. Bin ich aufgeregt? Ist das Stress? Beklemmung? Oder Panik?

Wenn die Menschheit wirklich durch die Zeit gereist ist, haben wir dann eingegriffen, um unsere Geschichte zu beeinflussen? Unser Dasein ist erfüllt von Schmerz und Tod, können wir das möglicherweise ändern? Ich erinnere mich an einen Vortrag von Prof. Rhoyne über eine utopische Gesellschaft: Von Plato bis Sir Thomas More...

Haben wir das erreicht? Könnte es eine bessere Zukunft für unseresgleichen geben?

104

tagebuch29.de/104

Scanne oder besuche die oben angegebene URL, um die Lösung des Rätsels einzugeben und ein Schlüsselwort zu erhalten.

Schlüssel 104: ____________________

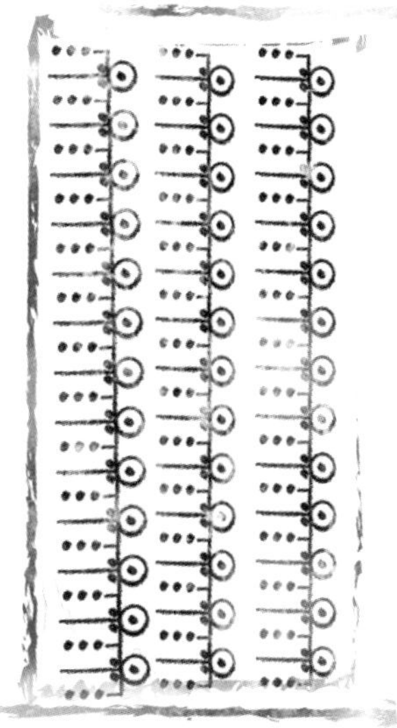

Schlüssel.92} + {Schlüssel.94}

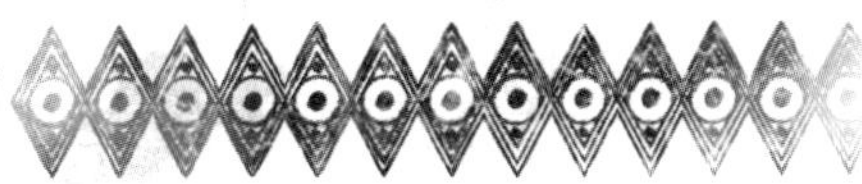

{Schlüssel.66}

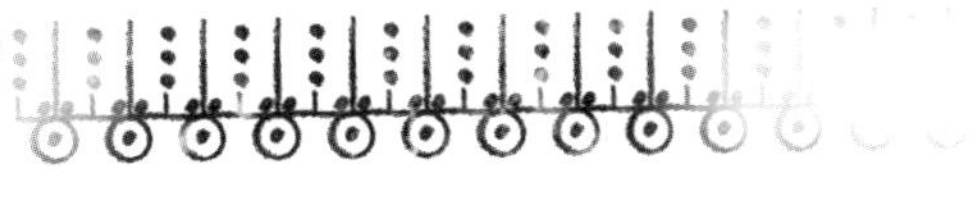

105

tagebuch29.de/105

Scanne oder besuche die oben angegebene URL, um die Lösung des Rätsels einzugeben und ein Schlüsselwort zu erhalten.

Schlüssel 105: ______________

384400 hoch
{Schlüssel.104} runter
Wer?

tagebuch29.de/106

Scanne oder besuche die oben angegebene URL, um die Lösung des Rätsels einzugeben und ein Schlüsselwort zu erhalten.

Schlüssel 106: ____________

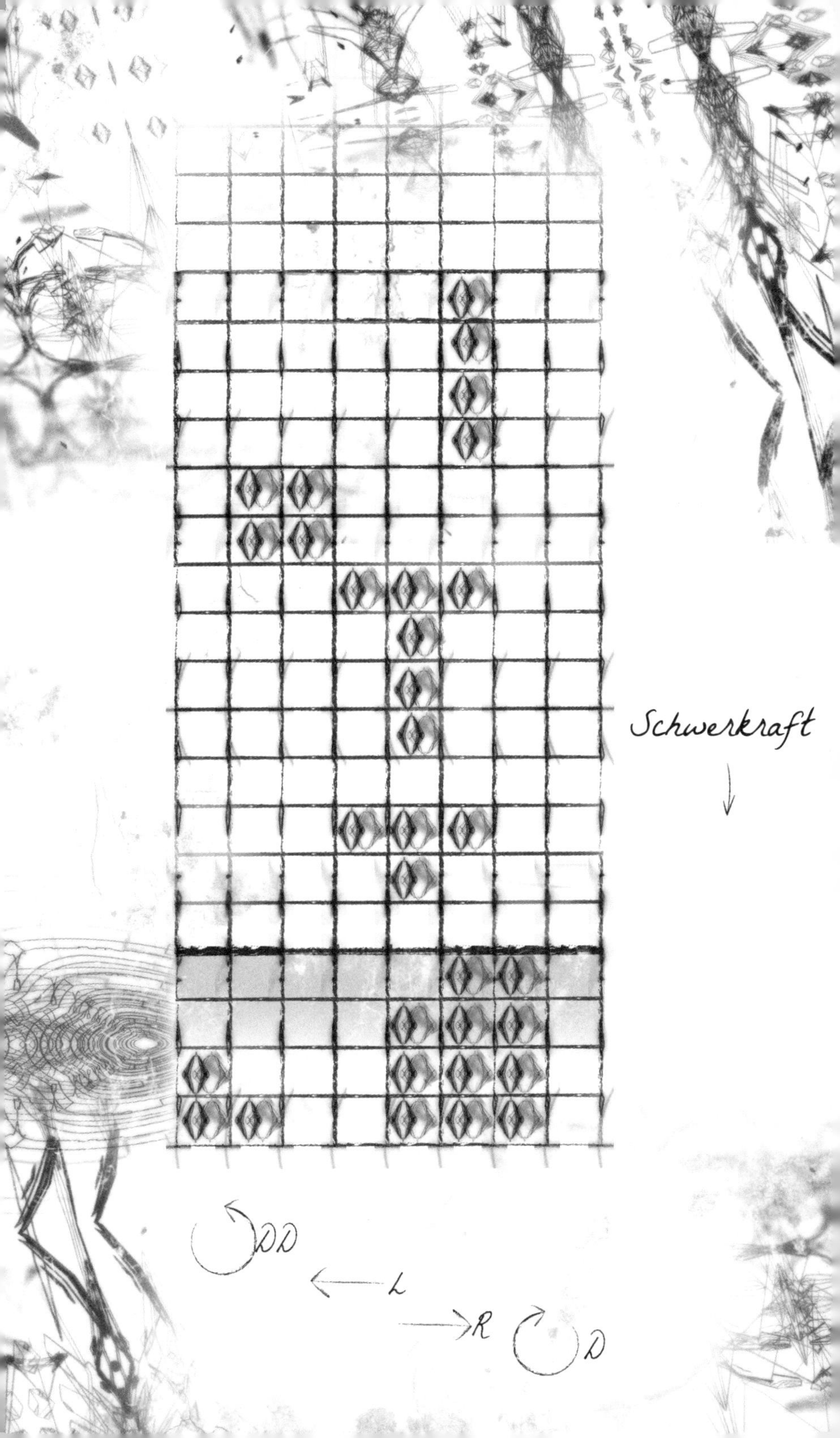
Schwerkraft
DD
L
R
D

107

tagebuch29.de/107

Scanne oder besuche die oben angegebene URL, um die Lösung des Rätsels einzugeben und ein Schlüsselwort zu erhalten.

Schlüssel 107: ____________________

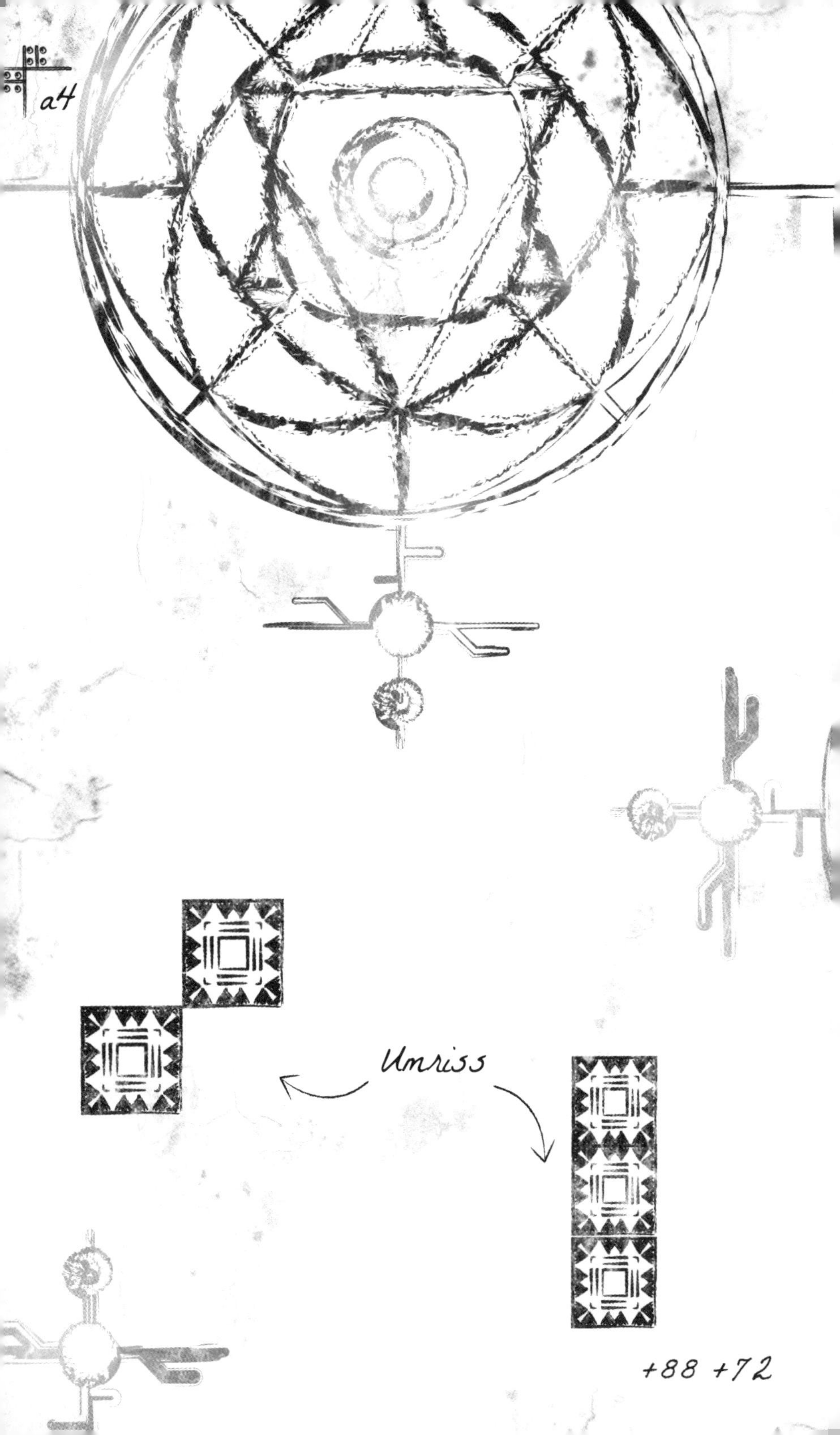
a4
Umriss
+88 +72

108

tagebuch29.de/108

Scanne oder besuche die oben angegebene URL, um die Lösung des Rätsels einzugeben und ein Schlüsselwort zu erhalten.

Schlüssel 108: ____________________

{Schlüssel.97} {Schlüssel.99}

109

tagebuch29.de/109

Scanne oder besuche die oben angegebene URL, um die Lösung des Rätsels einzugeben und ein Schlüsselwort zu erhalten.

Schlüssel 109: ____________

 TOCZ

 PIVH

 CEOL

 AOWX

 LMAV

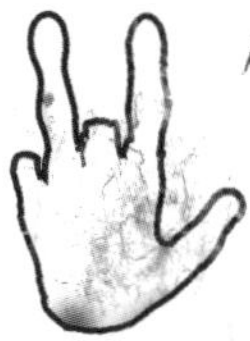 WTNE

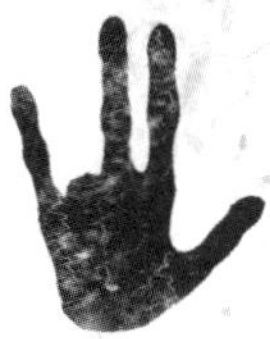 IVAO

_ H _ _ _ _ _ _

110

tagebuch29.de/110

Scanne oder besuche die oben angegebene URL, um die Lösung des Rätsels einzugeben und ein Schlüsselwort zu erhalten.

Schlüssel 110: ______________

(♥ - ze) + (, - ρo) + e

tagebuch29.de/III

Scanne oder besuche die oben angegebene URL, um die Lösung des Rätsels einzugeben und ein Schlüsselwort zu erhalten.

Schlüssel III: ____________

Ich schaue mich um und sehe nichts als Dunkelheit. Wände aus schwarzem Metall, schwarze Säulen, die in die endlose Finsternis über uns ragen. Und wir schreiten weiter eine große, steinerne Treppe hinab, einer großen Plattform entgegen, auf der ein futuristisches Gerät steht. Wir sind fast da …
Es ist alles sehr verwirrend. Wir sind auf der Plattform angekommen und stehen vor der riesigen Maschinerie. Ihr mechanisches Surren bereitet mir Unbehagen.

Ist das Gerät an? Oder aus? Und wie bedient man es? Gibt es eine Möglichkeit, es zu aktivieren? Ich stehe links der Plattform und suche nach irgendeiner Form von Schalttafel, Lev sucht auf der rechten Seite.

Bisher haben wir kein Glück.

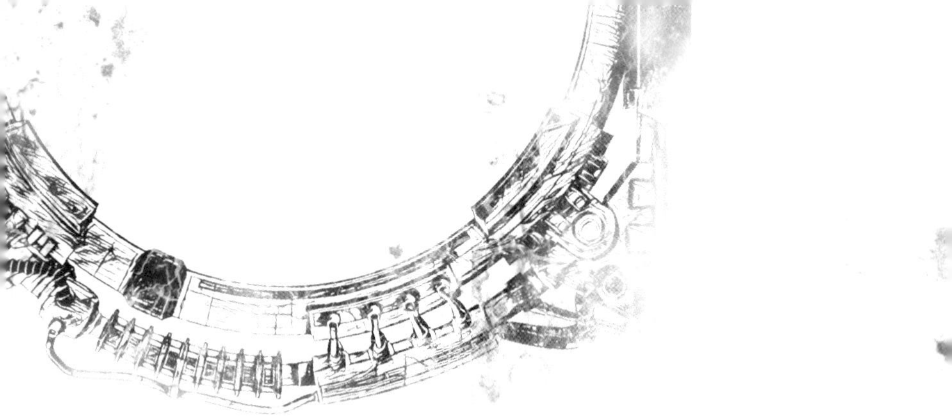

Einige Stunden sind verstrichen und Lev grübelt nach wie vor, wie die Maschine angeschlossen werden kann, da sichtbare Anschlüsse fehlen. Wahrscheinlich funktioniert sie auf eine völlig andere als die uns bekannte Weise. Und falls das so ist, würden wir sie verstehen, selbst wenn wir sie sähen? Meine Gedanken rasen, während ich verschiedene Möglichkeiten für die Inbetriebnahme durchgehe: Elektrizität, Gas, Feuer ... Das scheint alles zu offensichtlich und konventionell ... Steckt die Lösung in den Säulen?

Ich stehe auf und lege meine Hand an eine der Säulen. Flackerte da blaues Licht auf? War da ein Gesicht? Oder mein Handabdruck? Ich lege meine andere Hand an die Säule. Ich spüre eine Art Leitfähigkeit, etwas, das durch meinen Körper strömt.

Ich fühle mich einbezogen, fühle mich verbunden.

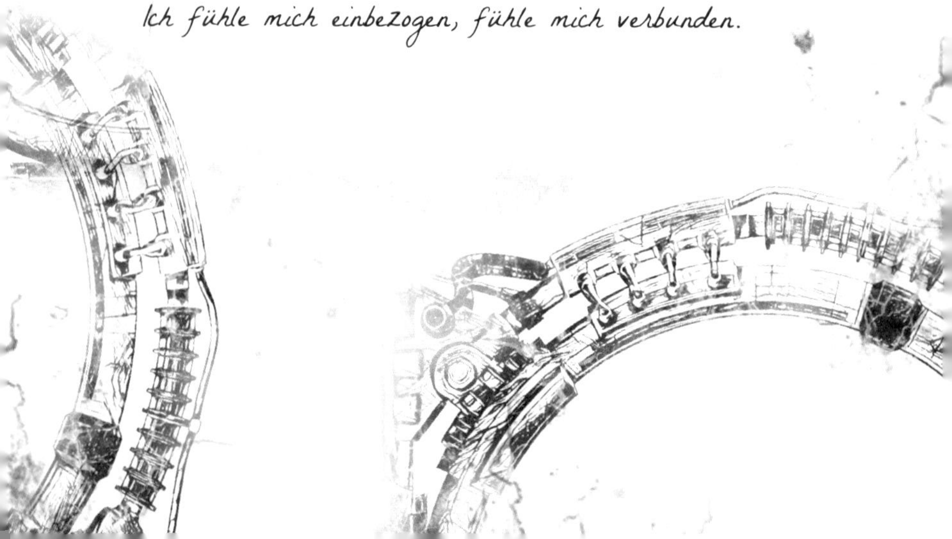

Das ist die Lösung! Ich habe recht! Ich erkläre Lev meine Theorie und er ist sofort erpicht darauf, es auszuprobieren. Mein Atem geht schnell! Das ist viel zu spannend! Haben wir es gelöst?

Oh mein Gott, oh mein Gott, oh mein Gott, oh mein Gott, oh mein Gott, oh mein Gott ...
Wenn mich nur mein Vater sehen könnte. Wenn die anderen Expeditionsteilnehmer erfahren könnten, was wir durchgemacht und herausgefunden haben. Sie sind bestimmt in einer anderen Kammer, auf eine falsche Fährte gelockt, in einer Sackgasse.
Wir berühren die Säulen, legen unsere Hände um sie. Das ist ein magischer Moment. Worte sind zu schwach, um zu beschreiben, was in mir vorgeht. Glück, Traurigkeit, Sehnsucht, Niedergeschlagenheit, Freude, Angst und ... Hoffnung?

Wer bin ich? Was geschieht mit mir?

Ich schaue mich um, höre das Summen der Maschine anschwellen und schriller werden. Lev hält sich die Ohren zu. Ich sehe seinen Gesichtsausdruck. Er hat offenbar Schmerzen. Ich frage mich, warum ich nichts spüre.
Die Plattform bewegt sich, langsam, aber sicher. Levs besorgniserregender Anblick gibt mir wenig Hoffnung ...

112

tagebuch29.de/112

Scanne oder besuche die oben angegebene URL, um die Lösung des Rätsels einzugeben und ein Schlüsselwort zu erhalten.

Schlüssel 112: ____________

{66.yek} +
{Schlüssel.103}{Schlüssel.105}
rückwärts

113

tagebuch29.de/113

Scanne oder besuche die oben angegebene URL, um die Lösung des Rätsels einzugeben und ein Schlüsselwort zu erhalten.

Schlüssel 113: ____________

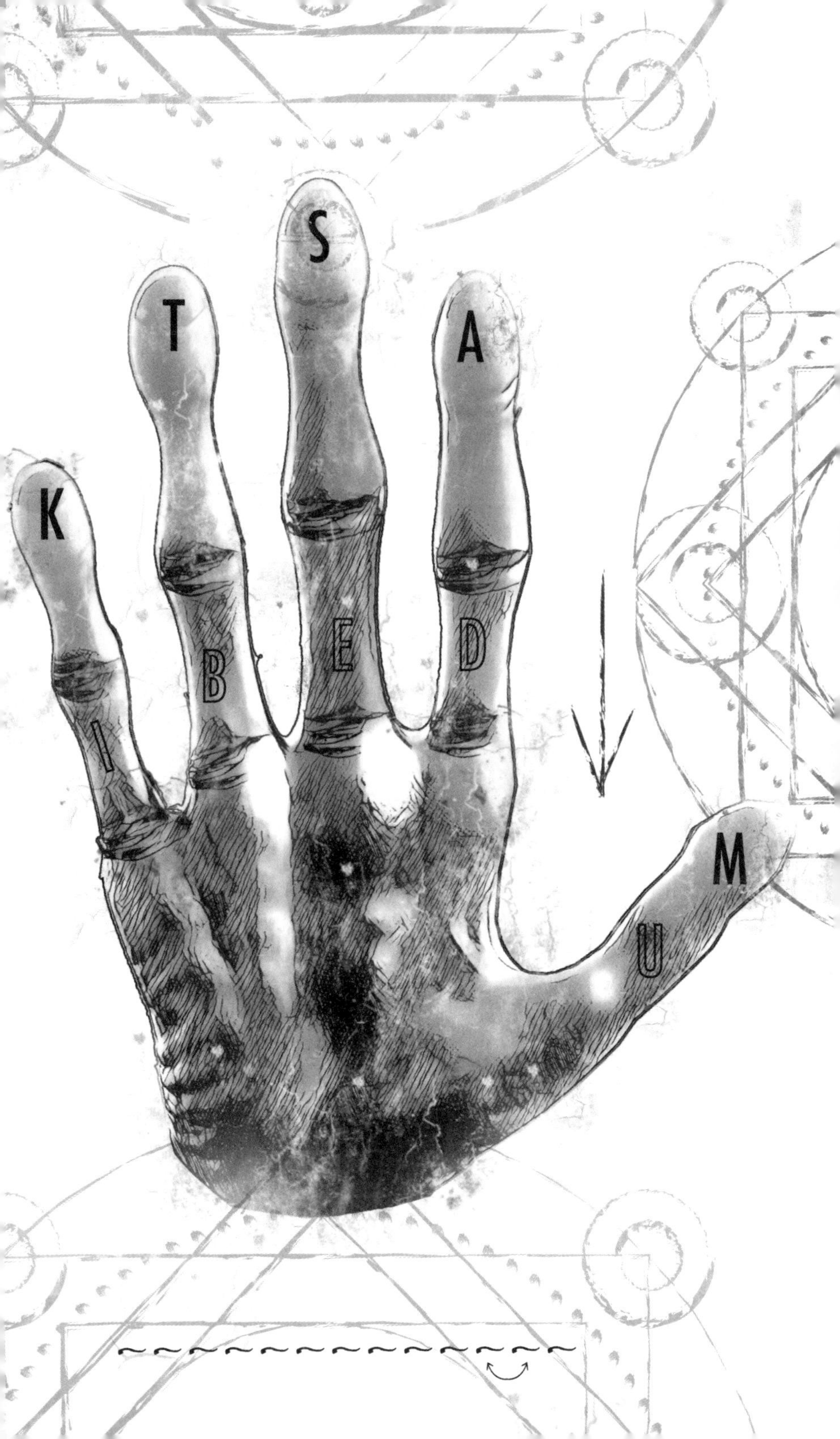

K
T
S
A
I
B
E
D
M
U

114

tagebuch29.de/114

Scanne oder besuche die oben angegebene URL, um die Lösung des Rätsels einzugeben und ein Schlüsselwort zu erhalten.

Schlüssel 114: ____________

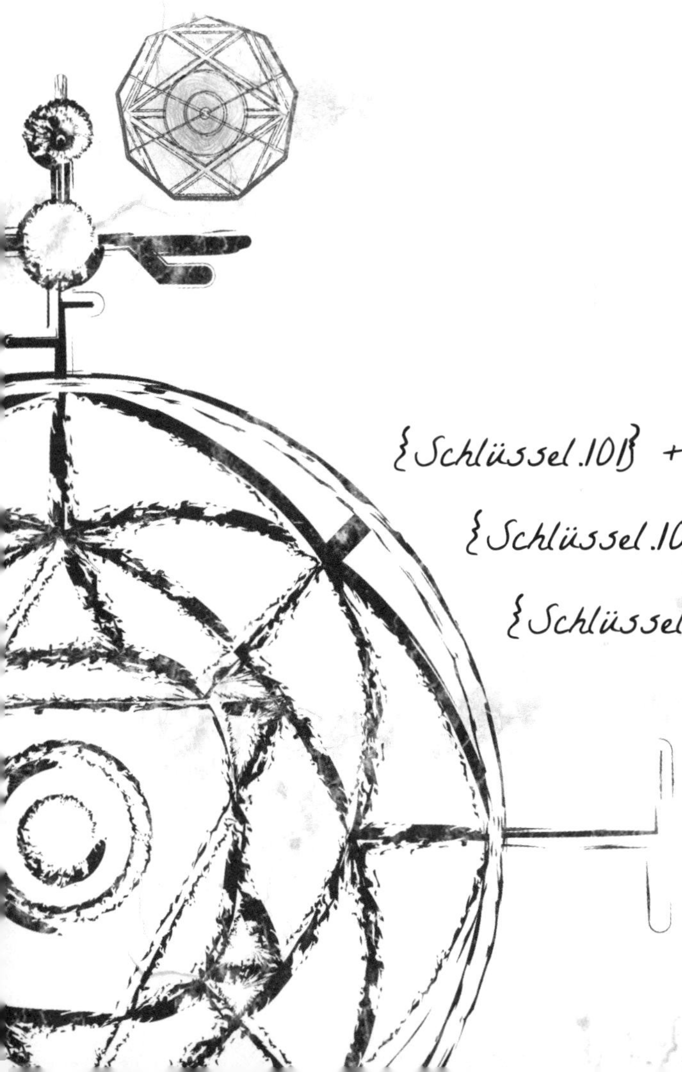

{Schlüssel.101} +

{Schlüssel.106} +

{Schlüssel.109}

115

tagebuch29.de/115

Scanne oder besuche die oben angegebene URL, um die Lösung des Rätsels einzugeben und ein Schlüsselwort zu erhalten.

Schlüssel 115: ______________

{Schlüssel.112}
{Schlüssel.114}
{Schlüssel.114}
{Schlüssel.112}
{Schlüssel.112}
{Schlüssel.114}
{Schlüssel.114}
{Schlüssel.112}
{Schlüssel.111}
{Schlüssel}
{Schlüssel.111}

116

tagebuch29.de/116

Scanne oder besuche die oben angegebene URL, um die Lösung des Rätsels einzugeben und ein Schlüsselwort zu erhalten.

Schlüssel 116: ____________

{Schlüssel.115}{Schlüssel.110}
?

117

tagebuch29.de/117

Scanne oder besuche die oben angegebene URL, um die Lösung des Rätsels einzugeben und ein Schlüsselwort zu erhalten.

Schlüssel 117: ____________

Berlin
Tallinn
Oslo
Liverpool
Madrid
Rom
Berlin
Tallinn
Lwiw
Rom
Berlin
Liverpool

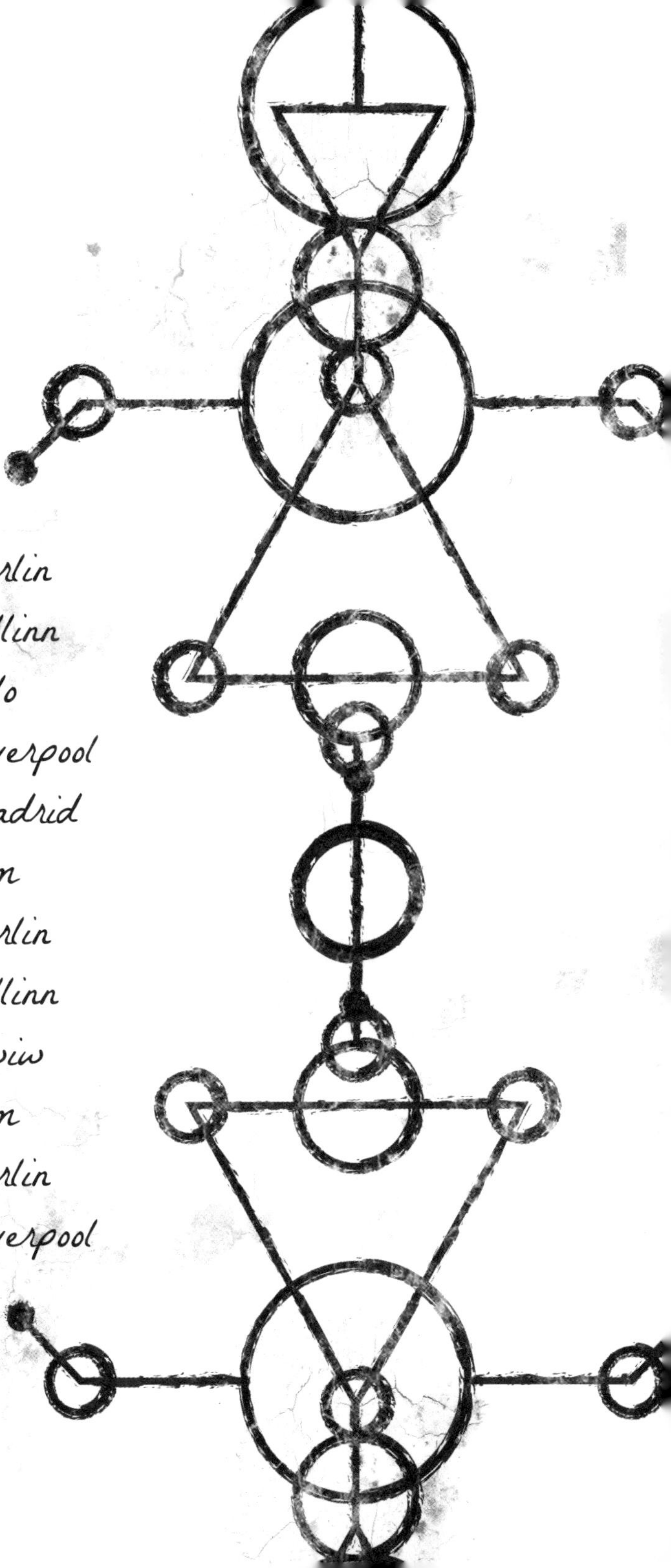

tagebuch29.de/118

Scanne oder besuche die oben angegebene URL, um die Lösung des Rätsels einzugeben und ein Schlüsselwort zu erhalten.

Schlüssel 118: ____________

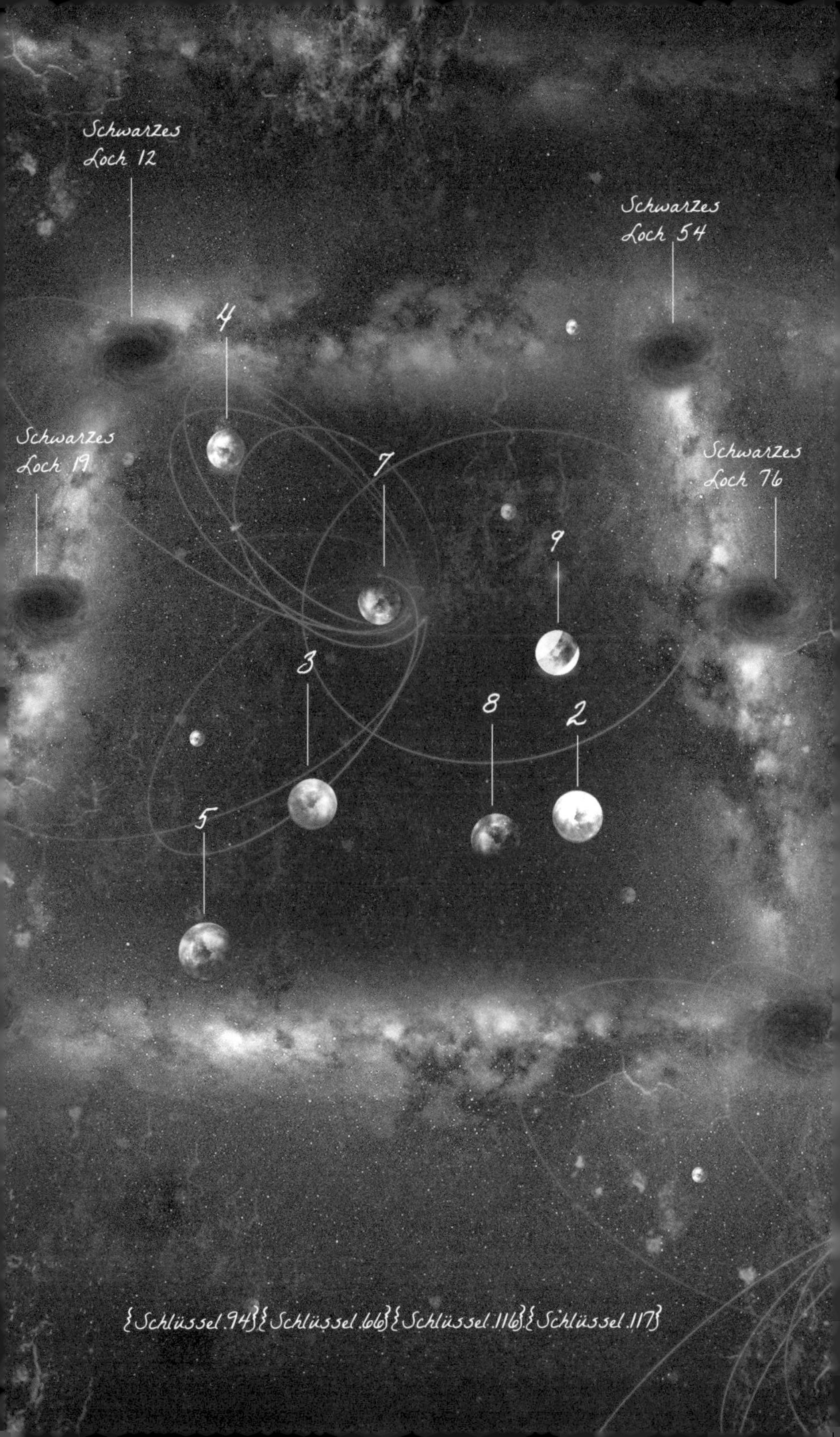
Schwarzes Loch 12
Schwarzes Loch 54
Schwarzes Loch 19
Schwarzes Loch 76
4
7
9
3
8
2
5
{Schlüssel.94}{Schlüssel.66}{Schlüssel.116}.{Schlüssel.117}

tagebuch29.de/119

Scanne oder besuche die oben angegebene URL, um die Lösung des Rätsels einzugeben und ein Schlüsselwort zu erhalten.

Schlüssel 119: ____________

{Schlüssel.86} {Schlüssel.88} {Schlüssel.95}

{Schlüssel.98} {Schlüssel.90} {Schlüssel.88} {Schlüssel.108}

{Schlüssel.102} {Schlüssel.108} {Schlüssel.100} {Schlüssel.113} x 5

120

tagebuch29.de/120

Sind wir in eine Falle getappt?
Wurden wir hineingelockt?

„Ich danke euch allen

{Schlüssel.118} {Schlüssel.119}
58367 4539182

für eure Hilfe …"

Notizen

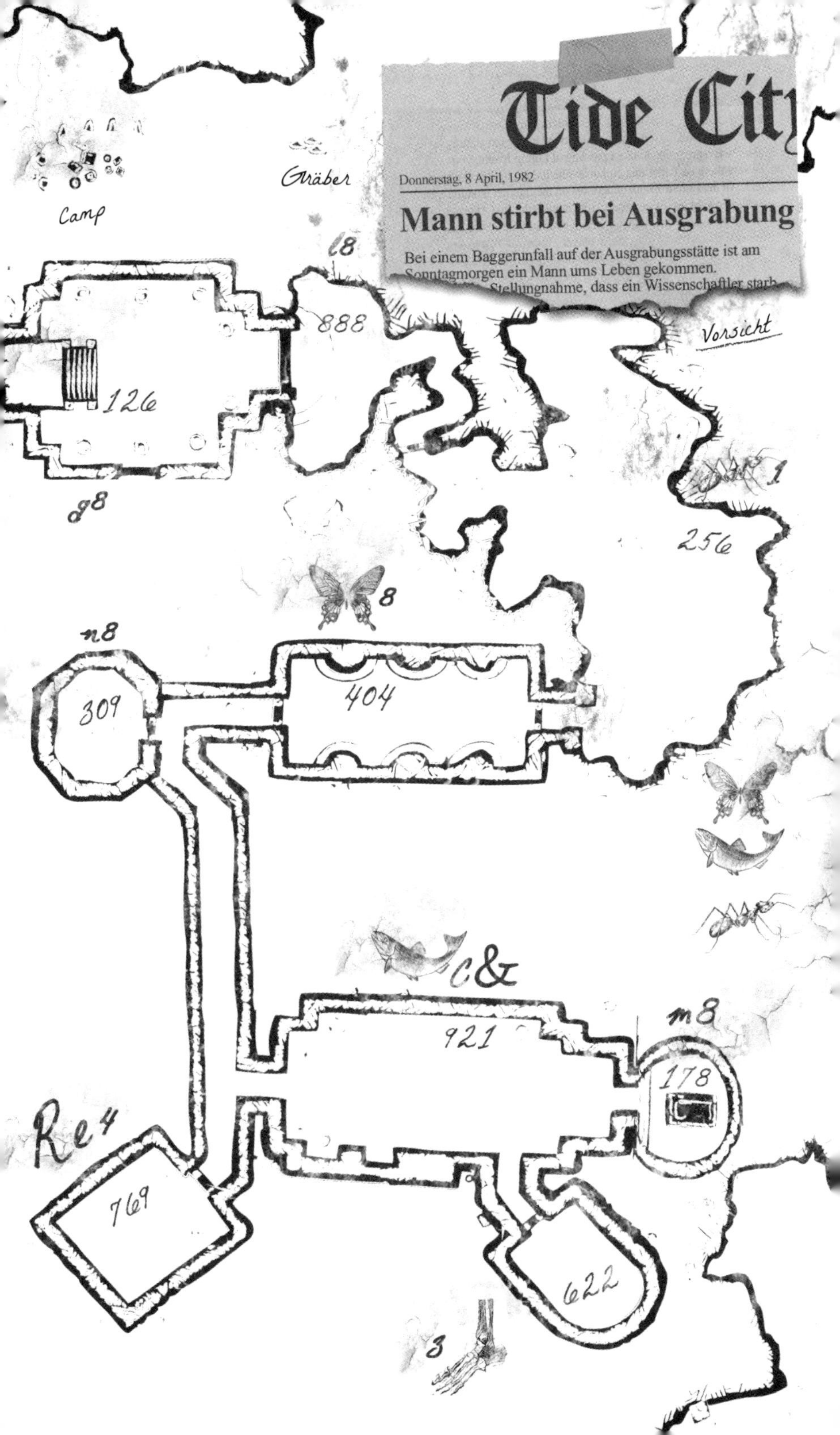
Tide City
Donnerstag, 8 April, 1982
Mann stirbt bei Ausgrabung
Bei einem Baggerunfall auf der Ausgrabungsstätte ist am
Sonntagmorgen ein Mann ums Leben gekommen.
Stellungnahme, dass ein Wissenschaftler starb
Camp
Gräber
l8
888
126
g8
Vorsicht
1
256
8
n8
309
404
c&
m8
921
178
Re4
769
622
3

seltsame Gänge

Das Camp

in der Nähe des Camps

Schatten

Wieviele Hilfekarten hast du benötigt?

0 Hilfen: 10 Sterne
★★★★★★★★★★

1–5 Hilfen: 9 Sterne
★★★★★★★★★

6–10 Hilfen: 8 Sterne
★★★★★★★★

11–20 Hilfen: 7 Sterne
★★★★★★★

21–30 Hilfen: 6 Sterne
★★★★★★

31–40 Hilfen: 5 Sterne
★★★★★

41–50 Hilfen: 4 Sterne
★★★★

51–60 Hilfen: 3 Sterne
★★★

61–70 Hilfen: 2 Sterne
★★

71+ Hilfen: 1 Stern
★

Dimitris Chassapakis lebt und arbeitet als Webentwickler in Athen, Griechenland. Er hat alle Rätsel selbst konzipiert und entwickelt, alle Illustrationen gezeichnet und das ganze Projekt als Crowdfunding auf Englisch realisiert. Er freut sich, dass das Buch jetzt Teil der „EXIT“-Welt wird.

EXIT
DAS BUCH
Tagebuch 29
Die Rätselsammlung
LEVEL Profis
Dimitris Chassapakis
KOSMOS